实体店爆卖实战手册

姿涵/著

中华工商联合出版社

图书在版编目（CIP）数据

实体店爆卖实战手册 / 姿涵著. -- 北京：中华工商联合出版社，2023.1
ISBN 978-7-5158-3586-0

Ⅰ.①实…　Ⅱ.①姿…　Ⅲ.①商店-商业经营-手册　Ⅳ.①F717-62

中国国家版本馆CIP数据核字（2023）第022435号

实体店爆卖实战手册

作　　者：	姿　涵
出品人：	刘　刚
责任编辑：	胡小英　楼燕青
装帧设计：	华业文创
责任审读：	付德华
责任印制：	迈致红
出版发行：	中华工商联合出版社有限责任公司
印　　刷：	三河市华润印刷有限公司
版　　次：	2023年3月第1版
印　　次：	2023年3月第1次印刷
开　　本：	710mm×1020mm　1/16
字　　数：	210千字
印　　张：	16.5
书　　号：	ISBN 978-7-5158-3586-0
定　　价：	48.00元

服务热线：010－58301130－0（前台）
销售热线：010－58302977（网店部）
　　　　　010－58302166（门店部）
　　　　　010－58302837（馆配部、新媒体部）
　　　　　010－58302813（团购部）
地址邮编：北京市西城区西环广场A座
　　　　　19－20层，100044
http://www.chgslcbs.cn
投稿热线：010－58302907（总编室）
投稿邮箱：1621239583@qq.com

工商联版图书
版权所有　侵权必究

凡本社图书出现印装质量问题，请与印务部联系。
联系电话：010－58302915

序 言
PREFACE

　　电商的迅速崛起使实体行业一下子陷入了寒冬，越来越多的消费者开始悦纳这种足不出户就能购物的消费方式。而消费者购物习惯的改变直接导致实体店的顾客大幅减少，同时，电商带来的市场变革，也进一步压缩了实体店的盈利空间。那么，实体店真的没有未来了吗？

　　实际上，引发实体店倒闭潮的压根就不是电商，而是实体店本身的运营出了问题。就算没有电商，实体店如果不升级服务，不关注产品质量，在营销上因循守旧，同样也逃脱不了被淘汰的命运。

　　电商再发展，实体店永远有其不可替代的优势。所以，即使在电商成熟的阶段，依然有顾客选择进店消费，而他们所看重的就是实体店带来的体验感。

　　所谓体验感，就是消费者通过亲身经历而获得的感受，使自己在身体和精神层面都得到满足。比如，消费者去服装店购买衣服，他可以通过肢体来感受面料的柔软，通过试穿来判断这件衣服究竟适不适合自己，这种在体验层面呈现出来的高精准度能够赋予消费者更为真实、立体的购物享受。因此，实体店就需要放大这种优势，让体验成为自己的核心竞争力，以挽救目前的颓势。

　　实体店内的接待服务也是放大体验感的便利条件，没有比面对面的接触更利于彼此情感交流的方式。店内工作人员耐心的讲解、周到的服务、热情的态度、恰到好处的赞美都能够使消费者的内心获得极大的满足。而这恰恰是网店所欠缺的。

  店铺的内部装潢也会影响顾客的体验感。确定店内的装修风格非常重要，不仅要考虑所经营的产品，还要根据顾客的特点，考虑到舒适性、美观性、独特性等，以达到吸引顾客的目的。比如，流行的现代风格、复古风格、简约风格、工业风格等，都是非常流行的实体店风格。除了装修风格，一个简单好记的店铺名称，也能成为店铺在引流获客方面的一大助力。

  实体店的运营更少不了成本的控制。很多实体店商家在面对十分可观的营业额时，总是会不在意水电、商品等方面的损耗，而这些损耗日积月累下来也是一笔天文数字。学会合理地控制成本，将直接提升店铺的利润，尤其是对于一些经营呈亏损状态的店铺来说，严格控制店铺各方面的支出，最大限度降低损耗，就有可能扭亏为盈。

  关乎实体店发展命运的是产品质量问题。对产品进行严格的品控把关，不敷衍、不心存侥幸，时刻遵循相关制度，店铺将更容易获得顾客的认可和喜爱。产品是实体店的灵魂，让顾客买得放心，实体店才能有持久的生命力。

  当然，实体店的营销也要与时俱进，跟上时代。借助互联网的力量，实现线上线下相结合，进行"双线"营销，去打破市场的限制。比如，百果园在电商的冲击下，既保留了实体店的体验价值，还搭建了一条线上的营销体系，使品牌焕发了第二春。

  实体店可利用线上营销聚集流量，再转战线下，小程序、公众号、短视频等平台都是不错的选择。就像商家在抖音平台上建立同城号，利用定位将短视频推荐给店铺周边的用户，该机制会使短视频更容易被同城用户看到，从而实现转化，其效果远胜于雇佣人工派发传单的方式。

实体店还可以搭建属于自己的私域流量池。比如，构建社群，提供用以引导的相关话题和价值内容输出，让那些"志同道合"的潜在顾客共同参与运营。社群的黏性越强，转化率就越高。

本书多角度地解读了实体店的各种优势，同时，就如何发挥优势，规避劣势，以及营销方式如何适应互联网新时代等，给出了翔实具体的落地方案，以帮助实体店在不断变化的市场环境中逆势成长。

目 录
CONTENTS

第一章　精准定位，让实体店开业就火爆……………………001
　　如何选择稳妥且容易赚钱的项目………………………002
　　三个步骤，帮你精准锁定目标顾客人群………………005
　　用户需求分析，避免"想当然"…………………………008
　　差异性定位，提高辨识度………………………………011
　　选择加盟店降低风险……………………………………014
　　地段并不是人流量越大越好……………………………017
　　实体店四大盈利模式……………………………………021

第二章　拼颜值，营造独特的实体店气质……………………025
　　风格：紧跟时尚，站在潮流的前沿……………………026
　　店名：取一个好听又好记的名字………………………029
　　门头：重要的是吸引顾客走进来………………………032
　　装饰：让人看到你的特色………………………………035
　　陈列：陈列是门大学问…………………………………038
　　功能：细节设计合理，更高效…………………………041
　　体验：打造沉浸式情景…………………………………044
　　光线：灯光很重要………………………………………047
　　橱窗：独特的文化展示最吸睛…………………………050
　　包装袋：产品竞争力的重要组成………………………054

第三章　开业了，线上+线下引流拓客 ································ 057
　　巧用比例偏见 ··· 058
　　巧用免费法拓客锁客 ··· 061
　　以口碑效应带来裂变式增长 ····································· 065
　　不可放弃的传统宣传方式 ······································· 068
　　巧妙利用朋友圈裂变涨粉 ······································· 071

第四章　看得见摸得着，让顾客放心下单 ···························· 075
　　试用：给顾客真实、立体的体验 ································· 076
　　售后：良好的售后让顾客买得放心 ······························· 079
　　环境：舒适的环境让购物体验更优 ······························· 082
　　信任：实体店让顾客更有信任感 ································· 085

第五章　让顾客享受面对面的高质量服务 ···························· 089
　　找准搭话的时机 ··· 090
　　热情，但不要过度 ··· 093
　　关注服务细节，做到极致 ······································· 096
　　和顾客聊家常，拉近心理距离 ··································· 099
　　多微笑让顾客如沐春风 ··· 102
　　以专业赢得顾客的信任 ··· 105
　　永远不要对顾客失去耐心 ······································· 107
　　不要让等待中的顾客感到无聊 ··································· 110

第六章　化解异议，让成交率暴涨 ·································· 113
　　顾客犹豫不决时，怎么办 ······································· 114
　　顾客拒绝试用产品，怎么办 ····································· 117
　　推荐产品被顾客拒绝，怎么办 ··································· 120
　　顾客有意刁难，怎么办 ··· 123
　　顾客购买后情绪不满，怎么办 ··································· 126

顾客不满投诉，怎么办 ………………………………………… 129
顾客较真儿时，怎么办 ………………………………………… 133
顾客说太贵了，怎么办 ………………………………………… 135
老顾客要求优惠，怎么办 ……………………………………… 139
顾客说钱没带够，怎么办 ……………………………………… 142

第七章　利用新媒体营销，实现盈利倍增 …………………… 145
实体店+小程序，社区团购正火爆 …………………………… 146
实体店+微信群，打造自己的私域流量池 …………………… 150
实体店+公众号，做好内容快速涨粉 ………………………… 153
实体店+抖音，同城引流成主流 ……………………………… 157
实体店+直播，快速带货 ……………………………………… 161
实体店+微博，软文带货效果佳 ……………………………… 164
实体店+小红书，KOL种草打卡 ……………………………… 168
实体店+搜索引擎，带来更精准的消费群体 ………………… 171
把公域流量沉淀为私域流量 …………………………………… 174

第八章　有效锁客，培养实体店的忠实粉丝 ………………… 177
忠实粉丝的三个评判标准 ……………………………………… 178
对顾客分层管理和服务 ………………………………………… 181
用抵用券黏住顾客 ……………………………………………… 184
让顾客成为会员 ………………………………………………… 187
不断制造超预期的惊喜 ………………………………………… 191
让顾客感觉你一直欠他钱 ……………………………………… 194
服务质量应始终如一 …………………………………………… 198
定制礼品提升好感度 …………………………………………… 201
用社群思维维系好老顾客 ……………………………………… 204
始终都要以顾客为中心 ………………………………………… 208

第九章 做好财务管理，是长久盈利的根本 ……………………… 211

- 让收银效率提高30%的收银系统 ………………………………… 212
- 要控制费用，先做好成本核算 …………………………………… 216
- 别小看发工资这件事 ……………………………………………… 219
- 做好商品的损耗管理 ……………………………………………… 222
- 水电消耗的管控和节约 …………………………………………… 226
- 销售报表这样看 …………………………………………………… 229

第十章 产品经得住考验，实体店才有生命力 …………………… 233

- 严格的品控把关才是立店之本 …………………………………… 234
- 爆品必须让人记住 ………………………………………………… 237
- 产品快速迭代，才能给顾客持续制造惊喜 ……………………… 240
- 过程看得见，让顾客放心下单 …………………………………… 242
- 打造高性价比的口碑 ……………………………………………… 245
- 用工匠精神打造高品质的产品 …………………………………… 248
- 创新发展模式，进而实现突破 …………………………………… 251

第一章
精准定位，让实体店开业就火爆

如何选择稳妥且容易赚钱的项目

站在店铺林立的街头,究竟卖什么容易赚钱呢?开店难,难在选项目。相信有很多初创业者会有这样的感触。

从很多经营失败的案例来分析,有相当大一部分投资者对投资项目的选取期望过高。只想做那些大的、赚钱多的项目,而对那些利润相对较小的项目不屑一顾。想一口吞掉一个蛋糕,最后只会把自己给噎死。

如果在项目选择上犯了错误,再多的努力都白搭。一个好的项目不是产品好就好,而是一个系统工程,涉及很多方面。如某一方面出问题就有可能导致一系列的问题出现,甚至毁掉全部。为减少投资的盲目性,可以从三个方面着手选取项目,以便大大降低投资者的风险。

◎ 寻找差异化

开店经商能赚到钱的关键是什么?是你开的店要与其他人开的店要有所不同,要有你自己的特色。试想,在同一条街道上已经有三家理发店了,你再开一家理发店,你能赚到钱吗?

许多刚开始经商的人,由于经验不足,总是喜欢模仿别人,看别人做什么挣钱,他也跟着做什么。这样做固然有一定的好处,但是市场是变幻莫测的。作为商家,要想立于商海而不败,关键要抓住消费者的眼球,必须要有与别人不一样的地方，必须搞出一点差异化。

在以前，人们结婚都要拍一套婚纱照留作永久纪念，但一套婚纱动辄三五千，甚至上万，买一套也就穿那么一两次，不划算。于是，婚纱租赁店就顺势而生了，租穿一次花不了多少钱，选择面也大，大大地方便了人们的生活，受到了人们的青睐。一时间，大街小巷各类婚纱店如雨后春笋般争相开业。

经过半个多世纪的发展，婚纱租赁店在市场上已经达到饱和，如果你在这个时候投资经营婚纱租赁，势必会遇到残酷的竞争。如果你想在这个行业里发展，就必须有自身的优势。否则，一无经验，二无资金，想立住脚跟谈何容易。

那么，我们是不是就应当放弃在这个行业里发展呢？当然不是。对于社交活动频繁的女性来说，衣柜里永远都缺一件衣服，那么是不是可以模仿婚纱租赁的模式搞礼服租赁，或者可以考虑提供时尚搭配、造型等配套服务，并提供搭配的珠宝首饰及长短手套、帽子、披巾等。当然，租赁店也可提供设计服务。

◎ 量力而行

投资开店，大部分人希望能稳当一些，哪怕就是少赚一点也不希望在初次创业的时候就失败。不仅仅是精神上的打击让人难以承受，更多的还有资金上的压力。如果是东拼西凑，甚至借高利贷来开店，一旦失败，债务的压力会把人压垮。

开店要有风险意识。对自己的实力有一个正确的认识，根据自己的实际情况理性投资。做好失败的准备，然后全力以赴去争取最好的结果。

因此，对于刚开店的人来说，所选的经营项目最好是在自己能力范围之内的，而不要做超出自己能力范围之外的事情。

◎ 选熟不选生

"经商不懂行，盲人撞南墙"的谚语，说的是经商项目选取一定要选自己所熟悉的项目，也就是"隔行如隔山"的道理。

一旦决定投资开店，你就需要具备一定的商业知识和经营之道，要学会观察市场，了解市场的需求，把握商机，开拓业务。这当中，精通本行业的业务尤其重要。

事在人为，只要你下定决心去做一件事的时候，你就会主动去了解相关的信息，掌握相关的内容，这样，你开店成功的可能性就很大了。

三个步骤，帮你精准锁定目标顾客人群

很多实体店商家都会将自家店铺经营不善的原因归咎于店铺选址不佳、产品没有特色、员工不够努力等，但实际上，相较于这些因素，店铺是否找到了自己的目标顾客人群才是关键。

在创业之初，实体店商家往往会尽力去呈现店铺商品和服务的全面性，就像美容店设置了很多的项目，有养生、面部护理、全身按摩等，但是这些服务内容究竟要服务于哪一类人群，商家起初并不会考虑，只希望来客越多越好。但实际上，一家实体店无论商品种类再多，服务项目再好，也无法满足所有人，因为每一种商品和服务都存在一定的适用范围，只有在圈定自己目标顾客人群的前提下，实体店的业绩才会出现增长，否则就是徒耗精力和金钱。

相反，如果实体店商家最初就能锁定目标顾客群体，在商品和服务的选择上就会有针对性地满足这类人群的需求，从而增加顾客的黏性。苹果手机在问世之初，设计者就已经锁定了自己的目标群体，他们认为那些追求时尚和创新的年轻人，如商务人士和白领，一定会喜欢这款集通信、上网于一体的手机。这也是苹果手机一经问世就受到年轻人追捧的原因。其实，实体店在建立之初，也应如此。

一家开设在商业街的服装店，格调很高，店内的装潢和饰品尽显高

端，就连门头的设计都是浓重的欧洲风格。但是，这家店的生意却一直不尽人意。主要原因在于店内出售的服装大都是大众服装，被装潢吸引进店的顾客总是被服装的面料和品牌劝退。后来，店铺及时做出了调整，店铺内外看起来更加接地气，顾客也就越来越多。

那么，实体店该如何精准锁定目标顾客呢？

◎ 评估细分市场

实体店在筹办或转型之前需要进行市场定位，才能更好地开展下一步工作。而细分市场有利于更准确的市场定位，在细分时可按照不同维度进行细分。比如，白领人群对商品的要求多为精致、美观，以满足自身体态气质、仪容仪表的需求，而蓝领人群多为基层职员，对产品要求多为持久耐用。又比如，一些低收入人群或中年家庭主妇会追求物美价廉的物品，上班族、大学生会喜欢中高端的商品等。

然后对细分市场进行评估，主要以市场规模和发展前景为评判标准。市场规模是指在实体店的覆盖范围内的顾客能否去支撑实体店长期经营，即该市场中的顾客数量、购买能力以及购买频次。

发展前景是指危险因素较低，即该区域内没有具有垄断性的竞争者且市场并未处于衰退阶段。比如，售卖烟花爆竹的实体店，相关政策的出台以及大众环保意识的提高，使得大众对烟花爆竹的需求越来越小，这就属于市场衰退。只有满足这些条件之后，实体店才有资格去寻找自己的目标顾客群体。

◎ 根据产品性质进行用户画像

根据产品性质进行用户画像，即根据顾客的性别、年龄、消费力、收入能力、价值取向等因素为顾客进行用户画像，画像之前可利用产品性质做一个大致判断。比如，法国巴黎市中心的一家高档首饰专卖店，高档首饰意味着高价格，在画像时就可以首先在消费力、收入能力上做切割。

以街边常见的日化用品店为例，根据类似店铺的调研结果分析，销量最好的产品在45~120元，女性顾客数量占据总数的80%，年龄在18~35岁，其中大多为25岁以下的女生。由此可见，日化用品店的精准目标顾客应该为18~25岁的年轻女性群体，她们追求时尚，对生活品质具有一定的要求，而且对价格相对敏感。

◎ 针对性调整或营销

在了解目标顾客后，实体店就需要针对目标顾客的特征进行一些调整，比如，追求时尚，店铺在装修布局方面需带给顾客一种时尚感，避免两元店、十元店的风格；对价格敏感，意味着看重性价比，在推销时需尽量凸显产品的性比价，或者尝试一些买赠活动，赠送女性顾客一些节日小礼物，有助于提升顾客的好感。

对实体店经营而言，找准目标顾客不是重点，重点是根据目标顾客群体的特征或消费习惯进行针对性营销，通过自己的特色使顾客产生黏性，促进店铺的增长。

用户需求分析,避免"想当然"

  一些实体店创业的老板由于缺乏经验,对于自己涉足的行业以及经营的产品完全凭借一时冲动,认为自己选择的创业方向、主营产品都很好,便不会对顾客的需求进行分析。如此一来,实体店在实施一些有助于业绩增长的措施时,起到的效果就显得微乎其微。

  比如,一家特色烤肉店,主营产品为烤肉,面向几乎所有年龄层的消费者,店铺开设在住宅周边的生活区,进店消费的顾客大多以家庭为主,人均消费在120元左右,属于中高端消费水平。但由于烤肉风味独特,加上周边几乎不存在竞品商家,该烤肉店的生意算不上火爆,却能维持店铺的正常运转。为了开拓市场、吸引顾客,该烤肉店经常会参加美团、大众点评等平台的活动,花费了大量的成本,但获得的引流效果却不佳。

  该店铺的主要问题就是没有做好用户需求分析,单纯地认为自家店铺生意难做是由于知名度低导致的,盲目利用线上线下活动引流,没有真正触碰到顾客在意的核心要素。实际上,店铺客流量低是由人均消费水平过高所导致的。烤肉店可以绕过那些线上的营销平台,建立自己的私域流量,将营销的成本化成优惠力度,让利给目标顾客,实现双赢。比如,邀请顾客加入会员群,关注官方抖音、快手账号等形式,让顾客领取优惠券、打折券。

所谓用户需求分析，是指在有限的数据内，从各个维度中筛选、区分出最关键的需求要素，以提升顾客的响应效率。进行用户需求分析的目的就在于帮助实体店利润最大化以及提高顾客的留存率。用户需求分析可以从顾客身上着手，利用顾客反馈去了解顾客对产品、服务的态度，比如产品品质、服务质量、价格因素等。

用户的需求就像是一座冰山，有很多信息是埋藏在海水之下的，这意味着影响顾客的因素可能是用户意识到的需求，也可能是顾客无意识的需求。比如，烤肉店的价格因素就是用户能够意识到的需求，而无意识需求就是隐藏在现实的工作场景中顾客察觉不到的影响因素。就像优衣库和星巴克两个品牌的合作，纽约的优衣库旗舰店在自家店铺中引入了星巴克，并提供了沙发、桌椅、咖啡，让顾客休息享受，顾客在店铺内停留的时间越长，消费的概率也就越大。一些顾客在逛完街之后习惯到咖啡店喝一杯咖啡，聊一会天，如果服装店能够满足这一需求，就能够挽留顾客更长的时间，以便创造更多的利益。

那么，在实体店的经营过程中，我们应该如何进行用户的需求分析呢？

◎ **利用主流媒体渠道进行宏观调整**

用户需求分析的基础是调研，通过各项数据或者显现的结果对实体店经营的大方向进行调整。关注今日头条、腾讯、搜狐等网站中的关于实体店经营的新闻和话题，判断话题的走向，并根据相应的选题进行切入。

比如，直播、短视频带货火爆，所有主流媒体都会报道与带货相关的新闻，这就意味着实体店经营的大方向中出现了一条线上直播带货的脉络，我们可以申请自己的账号，利用线上的渠道帮助店铺曝光、引流。又比如，新零售的出现为实体店的发展提供了一条转型道路，我们又可以参考行业转型成功的实体店进行相应的调整。

◎ 利用顾客反馈进行微观调整

感知顾客需求最直接的方式就是利用顾客的反馈。比如，在实体店内设置意见簿，每位进店消费的顾客都可以根据自身情况向实体店提出自己的意见；利用社交平台了解顾客需求，如微信、微博、贴吧等，社交平台是一个大众发表想法、提出问题、讨论问题的地方，我们可以通过添加顾客的社交账号或者关键词搜索，挖掘我们所需要的调研内容。

当我们通过各种调研渠道了解到顾客的需求后，就需要实现需求和服务的对接。但需要注意的是，我们可以在已有的业务模式或服务模式的基础上提出一些可行性建议进行调整，不断去完善经营体系，切勿直接推倒重来，以免因决策者的误判导致整个经营体系崩塌。

差异性定位，提高辨识度

实体店无论开设在什么区域，涉足什么行业，迟早会在这个地区遇到自己的竞争对手，如果暂时没有，也只是时间问题。当竞争对手出现时，就会分走一部分该区域内的顾客，使实体店遭受不同程度的冲击。想要区别于竞争对手或者免于竞争，就需要懂得塑造差异化。

差异化，即实体店与竞争者存在差异的优势点。这些优势点会突出实体店的个性，无论是产品质量、价格，还是服务、营销活动等，只要具备自身特色，就能提高店铺在市场中的竞争力。

如果不塑造差异化，实体店和竞争对手永远处于一种同质化的竞争状态，而双方为了争抢有限的顾客资源，最终会陷入价格战，使双方的利益受损。只有找到自己在行业范围内独特的定位，才能区别于别的竞争者。可一旦其中一家实体店通过不断塑造差异化，造就一个品牌，就会成功告别竞争，使双方丧失可比性。比如，海底捞的优质服务是卖点，也是区别于传统火锅店的差异点，它在火锅店其他元素不动的情况下，仅凭"服务"一项，就使自己成功告别了与传统火锅店的竞争，很多顾客进海底捞消费，消费的不仅是火锅，更是服务。

那么，实体店在经营过程中该如何塑造差异化，使自己在竞争中占据优势或免于竞争呢？

◎ 塑造视觉差异化

主要在于店铺的装饰和装修。

1. 实体店门头招牌，要区别于附近的商铺，颜色醒目突出，店名通俗易懂，两者相得益彰。比如，周围门头主色多为蓝色，那实体店门头主色就选择相对立的红色；实体店名称既要通俗，又要区别于竞争对手，就像一整条街都是"老童烧烤""强子烧烤"，你就可以起一个"深夜羊肉烤吧"。

2. 灯光。门头和店铺的装饰灯，其灯光要有意识地区别于周围的商铺，包括亮度、颜色等方面，要让店铺在黑夜中呈现出鹤立鸡群的效果。

3. 店铺内的装修和布局。在装修设计上，在布局摆放上进行调整，比如货架的朝向、收银台的位置、休息空间的布置等，遵从向顾客提供良好的体验为标准。

◎ 塑造产品差异化

要保证实体店主营的产品与竞争对手存在明显区别。

1. 带有地域特色。相同的品类以明显的地域特色进行区分，比如宁夏滩羊、宁夏枸杞、上党参等，又或者利用一些特殊的进货渠道、制作工艺等，如进口原料或食材。利用各种有效的标签使产品特殊化。

2. 附加内容。由实体店自发创新实现产品的差异化，主要为产品附加价值或内容，比如丧茶的丧文化、李宁的国潮等。如果实体店具备这方面的能力，可尝试制作专属的特色产品。

3. 包装。利用一些凸显便利性、趣味性、安全性的包装，形成店铺独特的风格。

◎ 塑造服务差异化

主要体现在原则、超预期方面,通过设计实现差异化。

1. 原则。以承诺为噱头,形成自己的优势,比如,餐饮行业可讲究时间"30分钟菜上齐,超时免单";以地域特色或产地为标签的产品讲究打假"原产地自产自销,假一赔十"。利用这种承诺,一方面凸显自家店铺的特色,另一方面也让其成为竞争中的优势。

2. 超预期。超预期服务是指在顾客认知中不应该出现的服务内容,且该服务内容能极大提升顾客的消费体验。比如,海底捞无微不至的特色服务;某区域范围内的送货上门服务等。当实体店主动提供的服务远远超过顾客的预期,那这种服务就是实体店的优势。

服务是一种无形的商品,实体店如果能够为顾客提供优质的个性化服务,满足顾客的个性化需求,使差异化迎合顾客,就能让顾客在消费的同时,获得精神层面的享受。

◎ 塑造体验差异化

塑造体验差异化,即为顾客提供额外的消费体验。在原有体验的基础上提供增值服务,比如,海底捞的顾客在进店消费时,可享受店铺内的零食、饮料、美甲等服务;某美容美发店,顾客在等待期间,可在店铺内的按摩椅内享受免费按摩服务。又或者,一些新品上市后,开展体验活动,让顾客在消费之前就能够体验新产品。该方式适用于茶叶、甜点、奶茶等低成本商品,实体店商家在打造过程中,可根据实际情况自行选择。

差异化意味着与众不同,独树一帜,当顾客越来越挑剔时,实体店区别于同类商品的特色,将有很强的竞争力。对于实体店商家而言,要懂得发挥自己的优势,将差异化应用到日常的经营中,才能在激烈的竞争中笑到最后。

选择加盟店降低风险

对于装修、选品、营销等一窍不通的开店新手来说，都会倾向于选择加盟店，就像给自己穿上了防护衣，能保证自己获益。加盟店的众多优势，对小本创业者有着极大的吸引力。

第一，在缺少行业经验的情况下，投资连锁经营以低风险投资顺利地解决创业过程中的许多问题，能在创业之初就以成熟的面貌开始经营。

第二，能够产生良好的品牌效应，这是吸引顾客群体的快捷之径，给加盟商的经营带来更多的信心和便利。加盟商凭借特许公司的强大品牌效应，省去了创业打品牌战略的费用和时间。这也就是"大树底下好乘凉"的运营模式。

第三，特许公司完善的服务体系，从配送、培训、物流以及终端促销等方面，都能给加盟商大力的支持，促进加盟商营业额的提升，节省了加盟者大量的时间和财力。

第四，加盟商可以获得更低的供货价，利润空间更大，经营回报更丰厚。

对于特许公司来说，加盟连锁同样给它们带来了丰厚的利益。各个城市街道里统一的品牌标志，无疑是企业实力最好的证明，企业品牌的无形资产也在不断地扩张中得到累积。

当然，开加盟店也并不是毫无风险，甚至可以说，风险也不小。只能说，加盟店的成功先例给了加盟者一点底气和安慰。

那么，在选择连锁加盟的过程中，如何规避这些风险呢？在连锁经营时该注意到哪些问题呢？

◎ 行业是否具备发展前景

创业，最重要的就是选择好行业，如果你所加盟的项目与普通人的生活密切相关，而不是流行于一时，而且处于成长时期，具有成长壮大的可能性，未来市场空间很大，那么越早投入，获利空间就越大，赚钱的概率也就越高。反之，如果这是一个成熟的行业，市场已经饱和了，那么结果可想而知。即便是拼得头破血流在竞争中占领了一席之地，代价肯定也是相当大的。

◎ 加盟方是否有自己的核心技术

一个行业要想吸引众多商家来连锁加盟就一定要有自己的核心技术，核心技术是能够为众多加盟店获得利润的保证；没有核心技术，这个行业在市场中也是没有生命力的，或者说生命力很弱，是经受不起激烈的市场竞争的。

◎ 加盟方是否有成熟的特许经营体系管理机制

目前，大多数搞加盟连锁的企业采取了先扩展规模再逐步规范网络的策略。但是加盟者一定要明白，哪怕加盟之后形成的规模再大，终究是一盘散沙。没有合适的经营策略，形成不了一套完整的管理体系，没有更为成熟的发展环境时，那么这个加盟企业就像是一艘失去了舵手的船，随时都有触礁的危险。

◎ 加盟方是否有自己独特的企业文化

一个企业只有拥有好的企业文化，才会在企业的内部形成一股凝聚力，才能树立起一个好的品牌。而一个好的品牌在市场中很容易得到认可和扬名，消费者很容易记住这一品牌。

◎ 加盟方的经营战略是否长远

有些加盟总部对同一个项目并没有长远的市场规划，只是想赚一把就收，然后开发另外的项目。因此虽然现有的连锁加盟体系还在持续扩展，但是又转投资其他的项目或是发展其他的品牌，可想而知，最后吃亏的肯定是众多的加盟商。

当然，加盟创业要成功，除了要选择好项目外，还必须付出自己的艰苦努力，只有这样才能最终品尝到成功的果实。

地段并不是人流量越大越好

说到开店选址，我们第一想到的肯定是租金昂贵的黄金地段，因为那里人流量超大。有人流量的地方，还愁没生意？还真不一定。

刘小姐准备开一家奶茶店，看了好多地方，最后一咬牙定在了市中心的一个商业楼盘。虽然租金贵了点，但她觉得人流量那么大，买奶茶的人肯定也会很多。

结果，不到半年，她就把店转让了。虽然刚开始做优惠引流时，生意也还不错，但奶茶店在商场的外面，而且商场一楼是大型超市，二楼是高端奢侈品服装，三楼是儿童游乐园，来逛的年轻人并不多。所以，尽管总的人流量不小，却没有形成强大且持续的购买力。

有些地段表面看来车水马龙，人流量很大，却并不适合做生意。比如茶楼、咖啡厅，这需要一个相对安静的环境，需要固定的顾客。但是人流量大的地段一般比较嘈杂，也不可能形成固定的顾客群。

此外，人流量大不能保证实体店赚钱还有一个原因，就是这个区域的竞争对手多半资金实力更加雄厚，竞争也就更加残酷。如果你原本经营得红红火火，结果实力强大的对手在你旁边也开了一家，同样的产品打出更优惠的价格，你的顾客一定会被抢走，而你很可能会因为支撑不住而转让店铺。

实体店生意能不能火爆，人流量绝对是首要条件，而且如果没有人流量，无论什么店都开不下去，这是基本常识。然而，人流量又并不是选址的唯一条件。如果只关注人流量，忽视了其他因素，大概率上也会关门大吉。

那么，开店究竟应该如何选址呢？

◎ 根据自己的经济实力选址

有多大实力做多大生意，黄金地段的租金一般都非常昂贵，如果没有一定的实力，很容易开店没多久就出现资金断裂、经营不下去的情况。但这并不意味着没得选择，在那些没有"吸引力"的地段仍然有一些实体店做得风生水起，贵在量力而行。没有硬性的人流量做支撑，可以靠产品的优势来吸引人流量。有不少实体店开在比较偏的位置，却有人愿意慕名驱车前来。

◎ 根据经营内容选址

经营的内容不同对店址的要求也不同。有的实体店需要开在人流量大的闹市区，比如便利店；而有的实体店则需要相对比较安静一点的地方。

◎ 根据用户定位选址

如果你定位的用户是年轻人，那就不要开在老旧小区，尤其是麻将馆、棋盘室盛行的小区，一般那里老人居多。如果你的用户定位是宝爸宝妈，那就选址在学区房、学校或者商场的儿童乐园附近。如果你的用户定位是成功人士，那最好选择在大型购物中心而非商业街。

◎ 根据客流量选址

我们需要明确人流量不等于客流量，比如地铁站、火车站、旅游景点附近的人流量很大，但并不意味着客流量也大。大家都奔着目的地匆匆来去，哪里有闲心逛店？当然，如果是便利店或者小餐馆，不必太在意这种虚假的人流量，但如果是非刚需的服装店等就一定要当心了。

◎ 根据毛利收入选址

不同地段的租金可能相差十几倍甚至几十倍，要想赚钱就必须核算成本。比如，店面月租是一个月1.2万元，再加上人工费、水电费，以及不可预见的各种杂费，每个月至少需要2.5万元的开支。那么，经营收入至少要保证有2.5万元才能保本，以上部分才能产生利润。假如你的店每个月的流水预算达不到支出，那就无法保证盈利。

◎ 根据地段特点选址

人们喜欢扎堆，比如吃饭，喜欢去美食一条街。所以，准备开店，不妨观察一下该地段是否形成了某品类商品的"集中市场"，这会使得人们有此类需求时就想起这条街道，由于目标明确，成交量一般不会差。

◎ 根据竞争对手选址

竞争一般来自两个方面。

一方面是直接竞争，即同种经营项目，门店大同小异。比如，你开了一家水果店，对面也开了一家水果店。面对的是同一种需求的顾客，此类竞争是消极的。如果不确定有非常独特的优势、有绝对的胜算，尽量避免类似的竞争。

另一方面是非直接竞争，包括不同的经营品种，比如，你开了一家烧烤店，旁边是一家便利店。或者同品质但口味和菜品不同，比如，你经营的是烤鱼，对方经营的是石锅焖鱼，这类竞争有时会起到互补的作用。也就是我们前面提到的，如果这一条街都是饭店，会更容易吸引有吃饭需求的人。

◎ 根据路线交点选址

这个交点是从方便或者顺便的角度来考量的。比如，接孩子放学回来的路上，顺路在蔬菜超市买点菜。选址的时候，可以把目标顾客每天的行动范围画出来，连成行动路线。路线交叉的地方就是交点，是比较便利的焦点位置，也就是比较理想的开店位置。

开店选址，不可目测人流量大，就脑子一热去签合同付租金了。而应当结合自身情况、地段特点、目标人群等，多方斟酌后，理性做出最具性价比的决定。

◎ 根据车流量选址

王女士在某仿古一条街开了一家超市，她认为步行街人流量大，应该有很大的商机。但令王女士没想到的是，开张3个月了，月月亏损。问题出在哪里呢？

超市经营的特点是薄利多销，人流量大是一个必须考虑的因素。问题是，步行街只能行人不能行车，车进不去，顾客买那么多东西要放哪儿呢？

因此，在开店选址的时候不光要考虑人流量的问题，还要考虑到车流量的问题。

实体店四大盈利模式

盈利模式，即实体店的变现方式。在现实生活中，大众所接触到的实体店无外乎五种盈利模式，每一种模式都存在优劣势以及调整的空间。

◎ 商品差价模式

商品差价模式，即依靠买卖商品赚取差价来实现盈利，这是一种十分传统的商业模式。很多类型的实体店都会采用这一模式，最常见的有服装店、日用品店等，这些实体店就像是商品的中转站，店铺以较低的价格从生产者手中购买一定量的商品，再将商品以较高的价格售卖给消费者，来赚取其中的差价。因此，实体店想要获得更多的利润就需要作出一些有效的调整。

第一种，扩大进购销售的差价，要么压低进价，要么提高售价。但在市场竞争激烈的大环境下，提高售价无疑是不现实的，那实体店就只能压低进价。于是，很多实体店在商品差价模式下都会采用批发加零售的形式，由于生产者会向批发顾客和零售顾客提供不同的价格，一些实体店商家会作为批发顾客以更低的价格进购大量的商品，将这些商品以较低的价格出售给其他零售商，或者自己作为零售商以较高的价格出售给消费者，实现盈利。但是，这种形式避免不了库存压力较大的问题。

第二种，压缩经营成本，这些节约出来的成本会直接化为利润。经营成本就是除商品进购成本之外的所有支出，包括人工、水电费等，实体店商家需根据实际情况自行调整。

第三种，建立信息渠道。沃尔玛建立了一个信息共享系统，宝洁公司可以通过这个系统去追踪自己所有类型产品的销量，进而决定对某一个产品是增加生产，还是减少生产。而这个渠道就是沃尔玛变相盈利的方式，对于实体店商家来说，可向生产商提供一些数据来换取更低的进价或直接利润。

◎ 服务盈利模式

服务盈利模式，即以服务为商品的模式。比如餐饮店、美容美发店、按摩洗浴店等，服务模式重在消费体验，没有固定的价格限制。因此，该模式下实体店的服务具有很强的溢价能力和空间。而该模式下的实体店想要获得更稳定的盈利，就需要提高服务的质量，扩大服务的层次。

提高服务质量，是指让消费者在同等价位的情况下对服务具有很高的满意度。除了规范工作人员，提高他们的专业素养外，还可以通过举办一些活动来实现，比如，女子美容馆推出先体验后收费服务，让消费者免费体验30分钟的穴位按摩，使对方舒适但不尽兴，以刺激消费。KTV可以在下午场提出闲时免费服务，提升套间上座率，促进酒水零食消费等。

扩大服务的层次，是指场景融合。比如电竞酒店、影院式足疗、商场专属的儿童区等，都是将多个服务项目进行融合，扩大服务的层次，使消费者获得全新的消费体验。

◎ 连锁盈利模式

连锁盈利模式，即某一个实体店在经营体系完善后，开设更多家分店以赚取更多的利润。该盈利模式属于"广撒网，多敛鱼"的形式，以数量提升盈利点，但在本质上依旧是依靠以上两种模式实现盈利。那么，连锁盈利模式想要获得稳定的盈利，就需要注意风险的管控。

第一，总店的经营模式和管理制度一定要完善，由于连锁店就是总店的缩小版，一旦总店在开设连锁店之前存在一些较为严重的疏漏，就容易影响连锁店。同时，总店和连锁店属于一个体系，连锁店的名誉受损，会导致整个体系中的所有店铺受到影响。因此，连锁盈利模式，首重管控。

第二，因地制宜。虽然连锁店是复制总店的经营模式，但仍需要因地制宜地去判断，市场变化无常，不同区域的市场需求也许是天壤之别。因此，在实体店商家在开设分店时，一定要尽早去感知市场需求的微妙变化。

◎ 加盟经营模式

加盟经营模式，即以收取加盟费为主要盈利点。该模式下的实体店需要具备专属自己的经营手段，在店铺的经营、管理以及标准化方面形成统一的模式，让创业者能够感受到这种模式的力量，从而产生加盟的欲望。除了建立一个成功的实体店输出标准，实体店商家还需要进行营销宣传，让更多的人了解店铺和加盟方式。

对于实体店的经营来说,商品差价模式和服务盈利模式是最底层的赚钱方式,也是最普遍的盈利方式,但由于可替代性较高,只有在细节处磨炼,才能真正做好店铺的经营,而后两种盈利模式需要实体店商家对经营有大局观,对市场有敏感度,才能适时作出调整,获得稳定的收益。

第二章
拼颜值,营造独特的实体店气质

风格：紧跟时尚，站在潮流的前沿

　　实体店的装修风格影响着顾客对店铺的认知。在二三线城市中，两种店铺的客流量最高：一种是在视觉上凌乱、饱满的店铺，店铺的颜色十分随意，货架上摆满了商品，此类店铺会给人一种亲近、接地气的感觉；另一种则是格调与众不同，店铺整体的颜色、布局都经过精心设计。当顾客路过实体店门口时，会下意识地认为前者的商品和价格都十分亲民，而后者则相对高端。因此，别出心裁的店铺装修风格能够为店铺的商品带来附加值，让顾客在进店之前有一个心理预期，不会被价格等因素劝退。

　　实体店的风格主要体现在颜色和布局上，以六桂福珠宝店为例，店铺颜色主要分为棕色、白色和青色三种，其中，以与金银首饰和珠宝颜色相近的棕色和白色为主色，主要体现在店铺的门头、招牌以及橱窗、商品柜等，青色为装饰色，主要呈现在可供顾客休息的沙发上。同时，店铺内预留的空间较大，柜台之间的间隔较宽，店铺整体在视觉上给人一种高端的感觉。该装修风格所营造的氛围与珠宝商品的属性相吻合，能有效提升顾客的购物体验。

　　店铺的装修风格是吸引顾客进店的重要因素，类似于社交范畴的"破冰"，当顾客拥有了一次美好的购物体验或者对优质的商品、热情的服务感到满意，就会进行第二次回购。因此，设计一款与店铺主营产品相关的装修风格，是很有必要的。常见的店铺风格一般分为以下几种。

◎ 简约风格

顾名思义，就是减少无效的装饰，体现店铺空间的简洁和实用。在视觉上，没有多余的物品呈现，多为单一或简单的色彩搭配，整体给人一种干净整洁、简约又不失格调的感觉。

此装修风格适用于主营餐饮、美发、美容、化妆品等实体店，简约的店铺装修风格更容易让顾客感到舒适放松。而且，装修的成本和难度都不会太高。

◎ 工业风格

工业风属于"个性化"潮流发展中最具特色的一种装修风格，当人们见惯了精致的新时代装潢后，带有陈旧色彩的工业装修风格很容易让人眼前一亮。工业风格的装修主要有三个要素：砖块、金属、绿植。"砖块"是指保留店铺的原有样貌，不加修饰，比如裸露的砖块、斑驳的金属等；金属多为店铺货架、柜台等物品的材料，以钢、铁、铝等为主；绿植为装饰，也可以起到隔断的作用。同时，店铺内也可根据实际情况摆放一些新旧家具、皮质沙发等，以增强年代感。

此装修风格适用于主营饰品、咖啡、酒吧、文身、摄影等实体店，以粗糙的墙面和生硬的金属形成鲜明对比，给人一种强烈的视觉冲击感。

◎ 复古风格

复古风格呈现的是一种古典韵味，同时是现代化都市中十分具有特色的装修风格。复古风格的打造需重视各种元素的运用，比如原木地板、做旧铁艺、水晶吊灯等，同时搭配具有某个年代风格的家具。

此装修风格适用于主营餐饮、咖啡、酒吧等实体店,服装领域慎用。复古风格的店铺为顾客的日常拍照分享提供了很好的素材,店铺的每一个角落都能呈现出很好的效果,这也是复古风格店铺吸引顾客的一个点。

◎ 国潮风格

在中国风流行之际,国潮风格备受当代年轻人喜爱。当中国传统文化与潮流元素相结合时,既能够展现文化底蕴,又能紧跟时尚,多元文化融合更具吸引力和包容性。国潮风格设计讲究大胆,无论是配色还是装饰均可混搭,比如,大红大绿的颜色搭配、霓虹灯与诗句结合的装饰等,同时,也可使用一些极具创意的装饰品,比如折扇菜单等。

此装修风格适用于任何实体店,但需要注意的是,店铺和国潮风格的融合度,彻底将国潮融入店铺中的每一个细节,由内而外凸显国潮风格。

◎ 现代风格

现代风格是目前最常见的一种店铺装修风格,讲究凸显时尚、前卫、开放的空间感,并与潮流相结合。比如大理石地板、落地窗、玻璃门等,同时,颜色搭配有度、饰品精致。

此装修风格适用于多种实体店,以单一色系的装修格调搭配样式、颜色繁多的商品,使整个店铺呈现出一种和谐的氛围。

实体店在选择装修风格时,需根据主营产品和实际情况综合考虑,选择最合适自己的风格,在充分展示商品特性的同时,提升顾客对商品的好感度。

店名：取一个好听又好记的名字

店名的好坏对于店铺后续的经营发展有着重大的影响。顾客抬头看见的招牌是店铺带给他们的第一印象，同一条街上，有些店铺门庭若市，有些店铺却门可罗雀，除了店铺售卖的产品，名字也是影响客流量的一大因素。一个好的店铺名字能够让顾客快速记忆，并在产生需求的时候第一时间想到这家店铺。

◎ **店铺的名字需要具备两大特征**

1. 识别性，即顾客可通过店铺名字对同类实体店进行有效区分的优势，比如一些店铺是旗舰店、品牌专卖店等，就一定要在店名中体现这种优势，或者是一些大众且易于记忆的文字符号，如"吉利""吉祥"等大众耳熟能详的词汇。以达成当顾客想到该店铺时，店铺的名字能够脱口而出的效果。

2. 传达性，即顾客通过店铺名字能够快速了解店铺的主营商品，比如带有"女装""皮鞋""奶茶"等后缀的店铺名称。通俗易懂，同时易于顾客口头表达。

实体店的品牌传播一般依托文字和口口相传，这就意味着太过拗口的文字或生僻字往往会降低店铺名字的实用性。比如，三个经典的鸭货店铺：绝味、周黑鸭、煌上煌。三个店铺名称中，"周黑鸭"最好，因为"周""黑""鸭"三个字是大众常用的文字，在识别和电子键入时，一般不会出现偏差。

◎ 设计店铺名字时要避免的一些"坑"

1．误导信息，是指一些会使顾客产生误解或欺骗的词汇，如"行业第一""行业领军"等，或者一些带有官方命名性质的词汇，如"旗舰""专卖""特许经营"等。虽然，此类词汇能够提升店铺品牌的影响力和信誉度，但需要获得官方认证才能使用。

2．模仿重复，店铺名字不可因盲目追求流量或猎奇而模仿重复大品牌店铺的名字。一方面，这种模仿重复会降低店铺的识别性，另一方面会让顾客认为店铺售卖的商品是山寨货。比如模仿"雪碧"的"雷碧"，就被大众打上了山寨的标签。

3．敏感信息，是指封建文化、消极影响、带有歧视倾向的文字。这些内容都不宜出现在店铺名字中。

4．意义不明信息，主要是指英文和生僻字。两者一方面不容易理解识别，无法快速使顾客记忆；另一方面，这种强行创意的名字实际上不具备吸引力，得不偿失。

◎ 合理设计店铺名字的类型

1．熟悉词汇+差异化品类，熟悉的词汇方便顾客记忆，品类方便顾客识别，两者结合产生的差异性能够让顾客感到新奇，更容易产品记忆点。比如，小米、苹果等大众常见的词汇搭配手机，两者风马牛不相及，但组合在一起，就会创造出一种差异感，让顾客眼前一亮。店铺的名字也可采用这种方式。

2. 陌生属性+熟悉词汇，即利用熟悉的词汇创造出一种陌生的属性，比如天猫、飞猪、盒马生鲜等。

3. 朗朗上口，即摒弃一切创意元素，好读也好记，简单的文字搭配店铺属性，大巧不工，比如江南服装、吉利服装等。

实体店在取名字时，一定要重视名字的识别性和传达性，切勿盲目追求新奇，有时候英文、生僻字以及复杂的文字组合并不能产生高级感，反而会适得其反。

门头：重要的是吸引顾客走进来

实体店的门头是店铺形象的展示，能够让顾客一眼就了解到店铺的风格和档次。同时，门头还承担着部分引流的作用，当门头为顾客留下深刻的印象时就更容易进店消费。

好的门头需要包含三个元素：品牌、品类、口号。以"巴奴火锅"为例，其中"巴奴"是品牌名，"火锅"为品类，"服务不是巴奴的特色，毛肚和菌汤才是"是口号。最初的"巴奴火锅"门头只有"巴奴火锅""重庆巴奴火锅"等几个字，有的会添加一些类似"脆嫩毛肚，鲜美菌汤"的短介绍。但该门头传递的信息十分有限，店铺的特色并不明显，经过改良升级之后，直接展示了毛肚火锅和菌汤是"巴奴火锅"的最大特色，成功将品牌、品类、口号结合在一起，成为一个十分成功的门头。

实体店的门头并不是简单的带有店铺名称的招牌，而是一块集店铺信息、风格、主营产品为一体的广告牌。很多实体店在设计门头时会陷入两个极端，要么极具个人主义色彩，比如"玫瑰之恋""据说还不错"，乍一看创意十足，却没有向顾客传递出任何信息，没有人会去猜一家店里究竟是在卖什么，此类门头最大限度地阻挡了顾客进店的脚步；要么就是极简主义，比如"重庆小面""精品五金"等，虽然此类门头直接展示了店铺的主营商品，但这种被广泛运用的门头大大降低了店铺的识别性和记忆点，尤其是在拥有多家同类店铺竞争的街道中，无法让顾客第一时间找到自己的店铺。

关于门头中的口号，需要体现品牌差异化，使口号与店铺的联系更加紧密。比如，"巴奴火锅"的口号"服务不是巴奴的特色，毛肚和菌汤才是"，它与同类店铺进行有效区分。类似"幸福与甜蜜在一起"就属于无效口号，因为不够明确，甜蜜的代表可以是甜品、鲜花、蜂蜜等，不能体现品牌差异化。

那么，该如何设计一个富有吸引力的实体店门头呢？

◎ 设计感

主要针对门头整体的布局、颜色和文字。布局在视觉上一定要注重通透感，任何属性的店铺都应如此，在没有特殊风格要求的前提下，在门窗等位置多使用钢化玻璃，让实体店内的场景能够从门外一览无余，一方面能够让顾客见到商品，另一方面也能很好地展示客流，当顾客足够多时，自然是店铺质量的保证。

招牌色彩的运用需温馨明亮，顾客对招牌的识别一般是由色彩过渡到文字，因此，色彩应选用暖色，同时注意色彩之间的搭配，要达到醒目突出的效果。

文字需注意不同信息文字的区分，一般带有品牌、品类的文字较大，口号类的文字较小，文字布局可根据招牌的空间自行设计，可选用上下区分、左右区分等方式。

◎ 潮流感

人们的审美会随着时代不断改变，越符合潮流文化的元素越容易吸引顾客的注意，因此，在材料、造型以及颜色搭配方面要尽量紧跟潮流。

◎ 广告性

实体店的门头一定要能够起到宣传的作用，以扩大店铺的知名度。主要涉及门头的品牌、品类、口号等内容的设计，在简明扼要、易于记忆的同时，还凸显自身店铺的特色。

◎ 风格一致性

门头的设计需要与店铺内容装修风格或者商品属性相协调，包括装饰、主颜色等方面，同时，也需要考虑与周围环境的呼应。比如，周围店铺的门头都是古风古韵的设计风格，实体店采用霓虹灯之类的搭配元素就会显得与环境格格不入，给人一种不适感。

◎ 经济适用性

一个潮流吸睛的门头靠的是创意和设计，并不是花的钱越多效果就越好。因此，门头不必盲目追求奢华，根据自身经济条件选用合适的材料即可，只要方法得当，设计出的门头就能满足实体店的需求。

对于顾客而言，实体店的门头就是最具吸引力的元素，忽略了门头设计是实体店经营过程中最大的浪费。

装饰：让人看到你的特色

装修的本质就是合理分配空间，在不干扰使用功能的前提下，满足顾客心理的审美需求。而装饰作为实体店装修中的一个重要组成部分，能够起到突显店铺特色的作用，使店铺主题风格更上一层楼。

所谓装饰品，就是实体店中不参与售卖，仅起到修饰美化作用的物品，单纯为了美而存在。但装饰的作用却不仅限于此，有的实体店经常会用一些精致或夸张的装饰品来吸引消费者的目光，提升消费者进店的概率，这些具有引导性的装饰品又被称为功能性装饰。

美国有一家内衣店，他们为橱窗和大门附近的假人模特装上了一双巨大的羽毛翅膀，让模特化身为天使。即使没有消费需求的顾客在路过内衣店时，也会被这双翅膀所吸引，从而留下深刻的印象。主要是由于内衣自身的面积很小，摆放在橱窗里也很难引起路人的注意，翅膀装饰就恰到好处地起到了醒目的作用，同时，这种造型奇特的装饰与内衣搭配又不显得突兀。

而有一些装饰品的存在是为了使店铺装修的主题更加饱满，风格更加突出。关于店铺的主题风格，仅凭内室的布局、颜色的选用是无法达到一种理想的视觉状态的，必须利用一些承载着既定风格属性的装饰品，才能呈现出合理、舒适的效果。比如嘉定的盒马生鲜店，该店试图打造一种人间烟火气的主题风格,在装饰品的选用中,使用了中国传统建筑牌匾、灯笼、吊旗等,同时,装饰品多为东方榫卯结构或编织工艺,塑造出了一种具有烟火气的市集氛围。装饰品与店铺风格相近,在与产品和店铺的配合下,能将装饰突显的作用放大到一定的程度。

那么,实体店在装修过程中如何更好地使用装饰品呢?

◎ 选用风格一致的装饰品

实体店的装修风格和售卖的商品属性类似,比如售卖现代感十足的服装,装修风格就需要采用新潮、流行的风格,古朴的格调就会显得不协调。而装饰品的选用要建立在店铺装修风格之上,去填补店铺装修中的留白,因此两者的风格要一致。

常见的装饰品多为可悬挂在墙壁上的画、小型家居植物盆栽、精巧的小摆件等,其中以画的灵活性最高,中国风的装修风格可使用书法画、水墨画;欧式风格可使用油画、水彩画等。

◎ 保证环境的合理性

在突显店铺风格特色时,商家可以使用具有象征性的装饰,但不可滥用,要保证整个环境的合理性。比如提及高端奢华风格,人们很容易想到大理石地面、水晶吊灯、灯池等,这些物品确实能够将店铺打扮得富丽堂皇,但如果店铺的空间较小,尤其是屋顶高度小于4米时,这些具有象征性的装饰所呈现出的效果就不会太好。

盒马生鲜店的装饰品就保证了环境的合理性,它所突出的"人间烟火气"主题属于中国风,那势必要使用中国最为特色的牌匾和灯笼,但店铺内应用的米色地砖,与传统红灯笼、褐色牌匾相冲突。于是,"盒马"保留了牌匾的模式,采用白底黑色,灯笼也换成了用竹片编织的灯笼,使得装饰品和主题风格变得更加贴切。

◎ 维护店铺的空间感

装饰品不是越多越好，实体店商家在购买和布置装饰品时，一定要考虑到店铺的空间因素，与室内空间相协调为最佳，尤其是不可让一些大型的装饰占据重要通道，阻碍人流。具体的摆放要以实际的视觉效果为参考，装饰品特征以悬挂为主，摆放为辅，使店铺内优先的空间得到充分的利用，又不显得过于拥挤。

装饰的使用一定要重视环境的整体感，如此呈现的效果才能满足顾客的追求和品位，对店铺的营销宣传起到积极作用。

陈列：陈列是门大学问

在实体店中，商品的陈列是一种无声的销售，当顾客进入实体店中，首先感受到的就是店铺内的整体环境。合理的商品陈列能够起到展示商品、刺激消费、美化店铺环境等作用。

在大多数店家眼中，商品陈列无外乎遵从分类、显眼、整齐等几个原则，比如，将同类商品摆放在一起，应季或热卖商品摆放在显眼处，避免商品胡乱堆砌等。然而，商品的陈列技巧并不止于此，它是一种以满足顾客消费习惯和心理为目的的学问。

考量实体店商品陈列是否优秀的标准只有一个，那就是视觉效果。影响视觉效果的主要因素有以下几种。

◎ 商品的陈列高度

一般实体店的货架高度大致为2米，按照顾客的平均身高，我们可以将整个货架分为四个区域：1.7~2米为抬头区、1.5~1.7米为平视区、0.5~1.5米为低头区、0~0.5米为弯腰区。

其中，平视区是最容易被顾客关注，也是最容易被接触到的区域，该区域可陈列实体店的主力商品、重点商品、应季商品以及利润较高的商品。抬头区和低头区也属于易于接触的空间区域。抬头区可陈列一些具有代表性的商品，如知名商品；低头区可陈列一些销售稳定的商品。弯腰区基本属于视线盲区且不易接触，可陈列一些利润较低或者顾客刚需的商品。

◎ 商品的陈列顺序

货架具有一定的深度，实体店的灯光无法照顾到每一件商品，为了呈现最佳的视觉效果，需根据商品的体积、颜色、价格等因素进行陈列。比如，体积小的商品在前，体积大的商品在后；颜色暗淡的商品在前，颜色明亮的商品在后；价格低的商品在前，价格高的商品在后等。

◎ 商品的颜色分布

商品的包装五颜六色，仅根据商品分类陈列很容易产生视觉噪音，在顾客选购时很容易分散他们的注意力。在陈列过程中需将商品的色彩有效组合，才能带给顾客最舒适的视觉效果。在颜色方面可采用以下三种陈列方式。

第一，彩虹式。即左右相邻商品之间按照彩虹的颜色顺序进行组合，适用于颜色较多商品品类。

第二，琴键式。即左右相邻的商品之间按照深、浅、深的颜色进行间隔陈列，适用于商品系列较多的商品品类。

第三，渐变式。即按照色系不同深浅进行陈列，在视觉上富有层次感，适用于服装等彩色梯度较多的商品品类。

◎ 功能互补商品组合

适用于主营服装、美食等商品的实体店，此类货架不宜太多。对于一些主营商品之间联系较为紧密的实体店来说，将同类功能的商品进行陈列是效率最低的一种方式，如果在商品陈列中将具有功能互补的商品组合在一起，加强关联性，能够为顾客提供一个有效的搭配方案。比如，服装实体店，将大衣、裤子、高跟鞋、挎包组合在一起，更利于顾客进行选择。类似的还有电脑主机、键盘、耳机、显示屏等组合形式。

除了商品的陈列技巧，货架商品的维护同样重要，以保证货架时刻呈现最佳的陈列效果。商品陈列的维护工作主要分为以下三点。

第一，商品的检查工作。即便每次商品进店都会进行质量检测，但谁也无法保证货架上不会出现残次品。尤其是在长期的营业过程中，商品的搬运、陈列造成商品损伤，顾客挑选时出现污损等情况无法避免，因此，在实体店运营过程中要重视商品的检查工作，将出现问题的商品及时下架，以免为顾客带来不好的购物体验。

第二，商品的整理补充工作。陈列完备的商品经过顾客的挑选，很容易造成空缺或凌乱的情况，为保证商品陈列效果的有效性，需及时对货架上的商品进行整体和补充，保证货架以最完美的状态展示给顾客。

第三，主营商品的变更工作。实体店在营业期间无法预料商品的销售情况，当商品的销售量发生变化时，需及时调整商品的陈列位置，将销售量大的商品摆放在最显眼、易接触的位置，以获取更高的销售量。

商品的陈列技巧很大程度上与顾客的心理和行为相关，因此，在进行商品陈列设计时，不必拘泥于一些专业的陈列技巧，时刻要以提升顾客的购物体验为最终目的才是最重要的。

功能：细节设计合理，更高效

提及实体店装修设计，人们最先想到的就是店铺的主题风格、美观度，要让店铺在视觉上具备足够的吸引力。但好的装修设计却不止于此，它一定是在满足美观性的前提下，尽量去提升功能性，如此，才能让顾客获得更加优质的消费体验。

所谓功能性，就是在装修布局中呈现出易于操作管理、高实用性等特征。星巴克的布局设计则较好地突出了品牌文化，每一位排队点单的顾客都会随着队伍依次经过杯具展示区、糕点区、点餐收银区、制作区，最终在取餐口拿到自己的咖啡。该布局设计同样限制了人流，有效避免了点餐处拥挤的情况，而顾客在排队过程中所见到的杯具、糕点等配品都能成为咖啡之外的店铺营收来源，同时，展示咖啡的制作过程就类似于餐馆的明厨亮灶，是产品品质的一种展现，能够使顾客感到安全和满足。所以一切元素都是在向顾客输出"星巴克才是专门制作咖啡的地方"的思想，加深顾客的印象。

实体店的功能性布局十分重要，它虽然无法像装饰、装潢一样直接表达实体店的主题风格，但却能在一定程度上大幅提升顾客的舒适度。因为，顾客的舒适度除了产品品质和价格因素外，就取决于周围的环境。比如，在服装店内设置一个简单的休息区，一些疲惫的顾客在进店后，先不谈服装是否能令对方满意，一张柔软的沙发立即就能带给顾客舒适感。对服装店而言，与其在室内布局留白区摆满假人模特，不如多陈设几张沙发、几把椅子，更容易吸引顾客。

那么，在实体店的装修过程中，该如何体现这种功能性呢？

◎ 硬性功能设计

主要针对实体店内部整体布局，需考虑空间利用率和顾客体验感两种因素。就像麦当劳等快餐店的集点餐、收银、出餐为一体的吧台设计，一些餐饮店桌椅板凳的布局也是这个道理。比如，可根据不同人群的需求进行桌椅设计，一个人、一对情侣、一家人等对桌椅板凳的需求也各不相同，餐饮店就可以设计双人桌、四人桌、八人桌等不同人数的桌椅。

又比如，服装店的中岛设计。在店铺中岛陈列店铺的主推产品、精致产品，让每一个进店的顾客都能注意到这几款服装，以凸显品牌内涵、价值的服装来服务自己的顾客，带动店内服装销量的增长。

◎ 软性功能设计

主要针对实体店的服务方面，如沟通、声音、气味等，包括服务人员能够更快地向顾客提供服务，顾客能否第一时间找到服务人员等一系列问题。总结来说，软性功能设计的出发点是以顾客为中心，营造舒适感。

比如，海底捞服务人员的安排。抛开海底捞的服务内容，顾客对服务的印象一定是及时，无论何时，只要顾客表达需求，服务人员就会及时给予反馈。这得益于服务区域划分，大堂经理会将整个服务区域根据服务人员的数量进行划分，大概每个服务员服务六个餐桌，并把握整体的节奏，不会出现一个区域忙得不可开交，另一个区域无所事事的情况。

此外，像咖啡店中悠扬的音乐、生鲜店中能增强食材新鲜度的灯光等都属于软性功能设计。在进行此类功能性设计时需切合实际，最好通过调研或实验使顾客需求得到验证，才能保证它的效果。

无论哪种功能性设计，实体店家需要的是能够为店铺带来利益的设计。因此，在进行功能性设计时，一定要着重考虑行业特性、顾客属性，才能更好地满足自家店铺的功能需求，否则，自以为是的设计不仅无法帮助顾客，反而会令他们感到多余。

体验：打造沉浸式情景

当电商逐渐占据消费模式的主导，线下商业如何实现差异化价值就成了众多实体店打破发展瓶颈的关键。随着消费需求的升级，顾客开始追求可触摸、沉浸式的体验，而这种体验感恰恰是实体店不可替代的价值。因此，实体店在运营过程中需要去创造一些交易之外的记忆点，才能使实体店的优势达到最大化，而这就需要打造沉浸式情景，让顾客获得沉浸式购物的体验。

所谓沉浸式情景，就是利用科技、艺术等手段，融合消费者的感官打造的个性化消费场景，注重顾客的参与、体验和感受。比如，国美的新模式店，设计了全场景体验模式，将购物消费向生活进行渗透。在新模式店中，利用不同的家电搭建出应用的生活场景，顾客在购物时，可穿梭于客厅、厨房等不同展区，享受各种精美商品带来的生活服务，如在厨房展区亲自体验店内的榨汁机、咖啡机，在购物之余为自己制作一款美食，感受厨房科技对生活品质的提升。

沉浸式情景打破了顾客对传统购物的刻板印象，购物与体验融为一体的消费方式让顾客对商品的价值产生了全新的认识，同时也获得了别具一格的消费体验，享受更多的购物乐趣。沉浸式购物的意义在于利用场景、气氛、节奏等内容设计让顾客彻底融入其中，尽可能地延长消费时间，让顾客深层次地了解、接触商品，提升消费体验。

那么，对于实体店而言，如何才能让顾客拥有这种沉浸式的消费体验呢？

◎ 结合现有的生活方式

沉浸式情景的概念早在十几年前就出现了，欧洲的一家阿玛尼的实体店，除了各种精致的服装，还有供顾客喝咖啡的专属空间，同时提供一些鲜花和书籍，而这些场景的搭建就需要对顾客的生活方式有一定的了解和认识。

为了打造出更加符合人们日常生活的场景，实体店可以发挥产品在生活中的功能。比如，实体店主营商品为咖啡机，而咖啡机的功能是为顾客制作一杯现磨咖啡，方便顾客在闲暇时光享用。同时，不少现代人的休闲时光热衷于读书和上网，由此可以分析出咖啡机所需的沉浸式场景中需要咖啡机、咖啡豆、杯子、不同类型的书籍、笔记本电脑等。这就是销售咖啡机的实体店打造沉浸式场景所需要的物品。

◎ 将空间场景主体化

实体店可将店铺空间进行分割，并搭建一些高能场景来增强消费者视觉、听觉和触觉上体验。比如，可利用AI技术等手段设计一些科技感十足的景色，提高互动性，强化店铺的娱乐能力。像利用触摸大屏设计一条河流，消费者用手指轻轻划过，水面就会泛起相应的波纹。或者舞动的喷泉，随声音变换的霓虹等景观。

如果店铺的顾客群体具有明显的特征，可根据这些特征营造特色化体验区，比如儿童主题区、潮流主题区等，以顾客钟爱的主题来实现顾客的沉浸式体验。

◎ 举办线下社交活动

实体店可以通过举办线下社交活动来打造沉浸式体验空间，让消费者在消费的同时，还能享受到社交的魅力。比如，服装店可以举办时装秀，每一位参与的顾客都可以穿着店铺的服装展示最美的自己，由所有参与活动的顾客打分，为最美的顾客提供免单。餐饮店可以举办厨艺大比拼活动，参与的顾客可利用店铺提供的材料制作一道菜品，由店铺厨师品评。总之，要让更多的顾客参与其中，以此来增强他们对店铺的黏性。

◎ 个性化体验

所谓个性化，就是让消费者参与产品的制作或者满足消费者的定制要求，在整个过程中，让消费者通过视觉、味觉、触觉来参与制作。比如，Levi's品牌就曾推出过个性化定制服务，让顾客体验生产专属于自己的产品的过程。如今，年轻人越来越看重个性化体验，将他们的构想、心血加入产品中，就能打造出高度个性化的体验。

沉浸式购物体验拉长了顾客在实体店内的停留时间，在提升顾客购物体验的同时，顾客停留的时间越长，购物商品的概率也就越大。

光线：灯光很重要

实体店在场景构成中可分为店铺、商品、空间、顾客等多个元素，而灯光在实体店中，除基础的照明功能外，还能起到引导消费、刺激消费的作用。因此，实体店在进行装潢时，一定要重视灯光的设计。

实体店的灯光根据空间和功能大致可分为三类。

第一类，基础照明。主要有嵌入式和吸顶式两种照明方案，以保证店铺内部的基础照明，减少阴影。

第二类，重点照明。它是指对实体店主营产品的照明，通过额外的灯光赋予商品立体感，同时光影的反差也易于凸显商品的特色，常用设备为射灯或吊灯。在视觉效果上，灯光能够提升商品的色彩和质感，比如，珠宝首饰店中会格外重视商品区的光线布局，主要利用宝石、钻石等材质的折光度，使商品看起来更加闪耀。关于灯光色调的选择，需根据商品属性进行决定，如常见的服装店多使用冷色调灯光，熟食店多使用暖色调灯光等。

第三类，辅助照明。多指一些为了增加店内色彩层次的灯光，以渲染气氛和突出视觉效果为主要目的。此类照明设备较多，可根据实际情况自行选择。

那么，对于不同主营商品的实体店该如何选用照明设备呢？

◎ 服装店

服装店在布置灯光时需简洁、均匀，以冷色调为主，凸显服装的色彩，同时，还需要根据店铺的属性采用不同的照度。比如，大众化的实体店以商品种类繁多、价格便宜为主要特点，灯光应尽量明亮一些，照度一般为300～500勒克斯，保证顾客从店外望向店内时不会觉得昏暗。

而较为高端的服装店的照度需降低，一般为200～300勒克斯，主要是通过明暗度对比凸显商品，让顾客的视线更加集中。这就需要在主营商品区域添加射灯或LED轨道灯来突出商品位置。

◎ 鞋店

无论什么规格的鞋店都需要采用高照度，尤其是橱窗和陈列柜都需要被点亮。比如，当店内照度为300勒克斯时，橱窗和陈列柜的局部照度应为2 000勒克斯；当店内照度为500勒克斯时，局部照度应为3 000勒克斯。

◎ 食品店

食品店的灯光照明需明亮，以凸显商品的新鲜度和诱惑力。整个店铺内的灯光要均匀，陈列柜照度需达到1 000勒克斯以上，同时可在外部设置LED轨道灯，提升视觉效果。高照度的意义在于凸显商品的丰富色彩，照明设备可采用荧光灯和白炽灯组合的方式。

◎ 奢侈品店

常见的奢侈品店所售卖的商品多为玉石、昂贵金属、钻石等，需采用高照明度的灯光以凸显商品的质感，同时也需要避免炫光的问题，以免灯光对商品造成不可逆的伤害。需要注意的是，在商品展示区设置的重点照明设备，需防止灯光的反射和直射，以免对顾客带来不适感。

在实体店运营过程中，当商品不能从当前的环境中突显出来时，就可利用灯光来吸引顾客的注意力，将顾客的目光集中在商品上，起到视觉引导的作用。巧妙的灯光设计能够将商品的质感和细节充分展示出来，使商品更具诱惑力，从而激发顾客的购物欲望。

橱窗：独特的文化展示最吸睛

人们在逛街时很容易被风格各异、色彩缤纷的橱窗所吸引，一个设计独特、新颖的橱窗不仅能吸引人的视线，而且还是一种文化的展示。橱窗的作用不完全是为了展示商品，同时还是一个无声的广告。

街道两旁的橱窗经常会给人一种奇妙和兴奋的感觉，特别是在夜色里，橱窗里那些奇妙的构思，时尚的元素和迷人的色彩，可以在一刹那抓住你的目光。

橱窗既是一种重要的广告形式，也是装饰商店店面的重要手段。橱窗设计体现了各个商店独特的品位、风格和对文化的理解。一个构思新颖、主题鲜明、风格独特、手法脱俗、装饰美观、色调和谐的店铺橱窗，与整个店铺建筑结构和内外环境构成的立体画面，就是一道吸引过往行人的亮丽风景。

◎ 橱窗设计要求

一般来讲，橱窗设计应注意以下两个方面。

第一，选择适宜的高度。橱窗位置的高度最好在顾客的水平视线附近，这样可以使整个橱窗内所陈列的商品都在顾客的视野中。

第二，协调整体布局。橱窗和卖场要形成一个整体，在设计时不能影响店面的外观造型，橱窗的大小也要与店铺的整体规模相适应。同时要兼顾到颜色的协调。橱窗是卖场的一个部分，在布局上要和卖场的整体陈列风格相吻合，从而形成一个整体。

◎ 主题要简洁鲜明，风格要突出

对于临街的店铺来说，橱窗不仅是店铺中的一部分，还是整条街装饰格局的一部分，橱窗的设计要符合整条街道的装饰风格，但同时要体现个性。一条街道上有很多的店铺，能不能吸引顾客走进你的店，靠的是什么？很大的一个因素就是橱窗设计的个性化满足了顾客一时的消费心理。

1. 要和卖场中的营销活动相呼应。

前面，我们提到过橱窗是一种无声的广告，它告知的是一个大概的商业信息，传递卖场内的销售信息，这种信息的传递应该和店铺中的商品陈列保持一致。如橱窗里是"新装上市"的主题，店堂里陈列的主题也要以新装为主，并储备相应的新装数量，以配合销售的需要。

要注重橱窗设计的艺术感。橱窗展示的虽然是我们日常所需的生活用品，但它却是生活化了的艺术品的陈列室，因此在展现商品的外观形象和品质特征的同时，也要赋予商品艺术生命。

注意橱窗卫生。在设计制作橱窗的时候要考虑到防尘、防热、防淋、防晒、防风、防盗等，要采取相关的措施。

2. 橱窗设计的形式法则。

比例与尺度：设计橱窗要注重各种尺寸的比例关系，传统的设计方式大多采用"黄金分割"法则，这种尺寸比列也不是绝对的，在设计时也可以采用各种不同的比例，以追求设计的新颖性和视觉上的新鲜感为基准。

对比与统一："对比"即性质相反的各种要素之间产生比较，从而达到视觉的最大的紧张感，比如选择不同的材料进行组合；从某种意义上讲，对比实际上是一种对矛盾的强化，以达到冲击顾客视觉的效果，而与此相反的法则就是"统一"。

节奏与韵律：节奏与韵律是音乐术语的借代。视觉"节奏"指某种视觉元素的多次反复出现。视觉"韵律"指按照一定规律变化的节奏，是一种按照一定规律变化的节奏，是一种使人感受到生命律动和音乐般欢娱的变化过程。这一过程能给顾客美的享受。设计师在选择材料、运用尺寸比例的时候都要兼顾到这一点。

3. 不同类型橱窗布置方法与作用。

橱窗的布置也很关键，一个布置精良的橱窗，能吸引顾客关注的目光，激发消费的欲望，能起到无声的广告效果。

综合式橱窗布置也就是把很多不同类型的商品摆放在一个橱窗里，造成一种很凌乱的视觉效果，引起行人的注意。

系统式橱窗布置店铺橱窗面积较大时，可以按照商品的类别、性能、材料和用途等不同标准组合陈列在一个橱窗内。这样布置的主要目的是使顾客一眼就能得知你所经营的商品种类、品牌等。

专题式橱窗布置即以一个广告专题为中心，围绕某一特定事件，组织不同类型的商品进行陈列，告诉顾客你所经营的主要项目，也可以让顾客知道你在某个特定时间段的经营项目。

特写式橱窗布置也就是把某款商品放大到原物的好几倍进行陈列或在一个橱窗里只陈列一件商品，以达到宣传的目的。

◎ 季节性橱窗布置

根据季节变化把应季商品集中进行陈列，以满足顾客应季购买的心理特点，有利于扩大销售。

一家专卖女式皮鞋的精品店，橱窗的设计与布置就很有特色。橱窗的背景是由朦胧的群山、绿树和潺潺的溪流组成，在清清的溪水中，两位漂亮的姑娘卷着裤腿，手拿一双女式皮鞋正在过河，一幅简洁清新的画面。

橱窗内得体地陈列着几双与图片中一样的女式皮鞋，上面写着一行秀丽醒目的字："宁失礼，不湿鞋"这一装饰暗示了一种舒适浪漫、纯真自然的生活情趣和鞋对于妙龄少女的珍贵，也点明了这种鞋的消费对象，其效果妙不可言。

包装袋：产品竞争力的重要组成

包装袋是实体店的第二个门头，它不仅仅是包装，还是一个免费且好用的营销工具，有时候顾客进店消费的不仅是商品，还可能是包装袋。因此，实体店商家需要重视自己的包装袋设计，让每一位进店消费的顾客成为自己营销宣传的载体。

上海有一家名叫"黄油与面包"的面包店，这家店门口天天排着很长的队伍，生意异常火爆。但令人感到意外的是，顾客不单是为了买面包，还想要入手面包店的包装袋。这款包装袋的设计感很高级，墨绿色的底色搭配黑色店铺商标，并采用了舒适的材质，看上去像奢侈品包一般，引得一大批年轻人排队打卡。甚至还有一些人在二手闲置平台上出售这款包装袋，备受消费者的青睐。

包装袋作为营销工具的优势在于它不需要像其他营销方式一样花费大量的时间、精力、金钱成本，却能带来十分可观的营销推广效果。包装袋主要是以顾客为载体，始终跟随顾客的脚步，这就使得包装袋营销的覆盖范围极广，能够辐射到更多的人群。比如，一位顾客购买了肯德基，一路上，他拎着袋子进入企业，路过的人都会看到肯德基的袋子。他将袋子放在自己的工位上并开始用餐。吃完后收拾垃圾时，周围的同事也会注意到这个袋子。在整个过程中，包装袋就成功地完成了一定范围内的营销推广。

在包装袋营销兴起时，各大实体店品牌纷纷开始注重自己的包装袋且创意百出，比如喜茶、奈雪、好利来等品牌。从最初的高颜值包装袋逐渐升级成侧重日常化使用的随身包，无论是用料，还是本身设计的特色，都将包装袋变成了一种流行元素，很多女孩子甚至用包装袋作为出街搭配的包包。当包装袋不再只作为盛放商品的工具，而变成了一种带有时尚元素的帆布包，可循环使用时，顾客的每一次上街就等于在无形中为实体店品牌做了一波广告，变相提升了实体店的知名度和影响力。

如今，在包装袋营销流行的大环境下，实体店又怎么能错过呢？那么，实体店商家该如何设计自己的包装袋，才能让它成为自家店铺的营销推广工具呢？

◎ 包装袋用料

包装袋避免使用塑料材质，由于塑料材质较软，顾客在使用过程中很容易将它弄皱，而半透明的属性也会使实体店的商标在视觉上不那么显眼，最重要的是，塑料材质很难设计出高级感，不容易获得顾客的青睐。

在材质方面，包装袋应选择牛皮纸、无纺布等材质，这类较硬的材质更容易塑造包装袋的立体感。

◎ 包装袋设计

包装袋在设计时必须要设计出一个拥有一定宽度的底部，这样做的意义在于包装袋无论是提，还是放，都能很好地展示侧面的实体店商标，提高实体店信息被看的概率。除此之外，就是关于包装袋的配色和装饰元素，可以模仿一些大牌奢侈品的设计风格，以纯色打底，衬托店铺商标，走简约时尚风。或者根据实体店主营产品添加一些相关元素，比如好利来的包装袋就采用一张毛茸茸的熊脸，十分可爱。

在这个颜值至上的时代，在包装袋上做创意，既达到了营销推广的效果，又为实体店提供了一个与消费者情感交互的机会。

第三章

开业了,线上+线下引流拓客

巧用比例偏见

"一元换购"是生活中常见的一种营销手段,从康师傅的"再来一瓶"到肯德基、麦当劳的"第二杯半价",都利用了关于"换购"的营销套路。这种营销方式虽然普遍,却不失为一种为品牌或店铺引流拓客的有效手段。

"换购"的核心是消费心理学中的比例偏见。举一个例子:假设你去一家店铺购物,看中了一口铁锅,铁锅标价200元。此时,你突然得知另一家店铺的同款铁锅只要100元,但你必须穿越两条街道,步行10分钟才能达到。在这种情况下,你大概率会去另一家店铺。而如果你计划购买的是一辆价值10万元的汽车,另一家店的同款汽车要便宜100元,但仍需要你穿越街道,步行进店,此时,你反而不会去在意这区区100元。

为什么会出现两种截然相反的结果?其根本原因就在于"比例"二字。对于消费者来说,结果都是节省100元,但前者便宜了一半,后者只便宜了千分之一。很多人在面对第二种情况时会出现"我10万元都花了,还会在乎这100元"的心理。这主要是由于参照对象的变化导致消费者认知的比例出现了变化,不同的比例会让消费者产生不同的态度,这就是比例偏见。

换句话说,就是人们一般对比例的敏感度要远远大于数值。因此,实体店在经营过程中要善于利用换购的方式，诱导消费者的注意力，使他们产生很划算的感觉。实体店关于比例偏见的使用大致有以下三种方式。

◎ "一元换购"

"一元换购"是在营销活动中巧妙地设置一些参照对象，让消费者的注意力集中在那些金额变化较大的商品上，构建一个新的比例，让消费者产生用较低的成本获得较高价值的错觉。

比如，一家名牌潮鞋店，顾客拿起了一款价值1 000元的运动鞋，如果为了刺激消费，千万不要说"活动期间给您打95折""现在购买能便宜50元"之类的话，而要表示"今天店铺做活动，您买一双运动鞋，只要加一元钱，即可获得一双价值50元的袜子"。

相较于1 000元，50元只是一个小便宜，很难激起消费者的消费欲望，而"一元换购"则用一元钱的付出，获得50元的收获。我们所需要做的就是将消费者的目光由5%的优惠转向50倍的收益。同时，不必拘泥于"一元"，一元只是概念，重点在于比例。比如，加10元即可获得价值100元的精美礼包，也属于"一元换购"的范畴。

◎ 折扣与金额的使用条件

每一个实体店都免不了举办促销活动，利用打折优惠吸引消费者进店消费。常见的优惠文案有两种：一种是5折、6折之类的折扣；另一种是直降100元之类的降价金额。想要诱发消费者的比例偏见，提升降价的冲击力，就需要把握折扣和金额的使用条件。一般来说，价格越低，越利于折扣；价格越高，越利于金额。

比如，店铺中价值10元的商品，在海报上写着"进店购物，立减5元"，这"5元"就远远不如"5折"让消费者更舒服。反之，价值10万元的商品，"95折"就不如"直降5 000元"更具视觉冲击力。因此，不同的商品金额在促销时应对应不同的促销方案。

简单总结来说，当促销的商品价格低于100元时，可使用折扣；当价格高于100元时，可使用金额，如此便能促使促销的价值实现最大化。

◎ 不同价值的商品搭配

将廉价的商品与高昂的商品搭配售卖，使消费者对价格和价值有一个更清晰的认知。比如，一款运行内存为4G的电脑售价为3 000元，而另一款配置相同但运行内存为8G的电脑售价为3 200元。仅仅200元，就使电脑的性能提升了一倍，消费者在面对这种商品组合时就会感到十分划算。但需要注意的是，搭配的商品之间需要有一定的相关性，只在价值上存在区分为最佳，不同品类的商品不适合进行搭配。

此外，"一元换购"的营销套路还可以联合顾客留存机制使用，比如，会员才拥有一元换购资格，以此作为提升顾客留存率的一个因素。同时，换购的商品一定要标明价值，可适当提升价值区间。

巧用免费法拓客锁客

站在营销的角度上，实体店设计一项活动需要达到引流、成交和裂变三个目的，这就要求活动的内容和环节的设计应尽量与顾客建立联系，提升参与感和仪式感，才能提升顾客分享的概率。但很多实体店虽然也热衷于做免费活动，也能快速聚拢人气，但由于缺乏仪式感和参与感，最终无法保持热度。比如，超市的免费活动"进店就送洗衣液，先到先得"，该活动的热度仅限于当天且没有任何话题性，无法为超市带来营销宣传的效果，甚至一些人会因不愿意与他人排队争抢名额而忽略此类活动。

参与感，是提升"免费"价值的有效手段。心理学上讲，人们往往对自己投入精力的事物感觉更有价值，并享受它带来的成就感。比如，直接送给顾客一个玻璃杯与顾客自己抽到一个玻璃杯相比，明显后者更让人感觉有价值。还有一些奶茶店推出的DIY奶茶就是对参与感的一种应用，让顾客自行挑选食材，由店员进行调制，如此顾客购买奶茶的意愿会更加强烈。因此，在免费赠送的活动中，要对免费的礼品设置一定的限制，让顾客需要付出努力才能获得，这样才能有效提高"免费"在顾客心目中的价值。

仪式感，代表的是话题性，让活动更具传播力。仪式感是以某个主题将某一个日子变得与其他日子不同，如结婚纪念日、生日等。除时间以外，地点、特殊的规矩同样也能塑造仪式感。

有一家专营柳州螺蛳粉的商家，在餐厅外张贴海报公布参与活动规则：任何人只要能在规定的时间内吃完五两分量的螺蛳粉，不仅全餐免费，还会再另送20箱螺蛳粉。

在餐厅一角，专门摆放着一张用于参加活动的餐桌、一把椅子和一台时钟，使每一位参与挑战的客人仿佛置身擂台之上。这极具趣味性和挑战性的免单活动，吸引了大批游客和食客前往，据店家统计，自活动开始十天以来，已经超过数百人前来参与了这项挑战，将近三分之一的人完成了挑战。挑战吃螺蛳粉活动，使该店铺名声大噪，甚至成了当地的一道不容忽视的风景。

只有将仪式感和参与感融入活动中，才能使免费赠送活动获得最佳的效果。那么，如何设计有参与感和仪式感的免费活动呢？

◎ 创新抽奖活动形式

抽奖是最常用的免费送活动形式，简单易操作且效果不俗，主要有红包墙、摇骰子、敲金蛋、刮刮乐、转盘等多种玩法。但抽奖形式过于老套，想要获得好的营销效果，就需要在奖品、流程方面多花心思。

比如，体验式奖品，让顾客参与奖品设计，如蛋糕店邀请中奖顾客和蛋糕师傅一起制作一款蛋糕，奶茶店让顾客按照自己的意愿制作一杯奶茶等。在活动流程方面，不要忽视颁奖环节，一些高价值或具备特殊意义的奖品要设置颁奖环节，摄像或拍照，以增强活动的仪式感。

◎ 特权赋予活动形式

首先设置活动的参与门槛，满足活动要求的顾客可获得一定的特权，将活动的仪式感和参与感体现在活动奖品上。比如，让顾客写下自己的幸运数字，根据该数字赠送吉祥卡，使顾客获得某些特殊权益，如顾客选择"6"，那顾客在每月6日进店可领取一份精美礼品，且每月6日、16日、26日当日的消费可获得七折优惠。其中关于折扣的问题，可由顾客抽签决定，以增强顾客的参与感。如此，该活动可实现引流、锁客、裂变的效果。

◎ 免单挑战活动形式

类似火爆一时的"大胃王挑战赛"，设置一定的挑战内容，以免费为噱头吸引顾客参与，当顾客达成挑战后，可获得免单资格。该活动是大众喜闻乐见的一项活动，人们在追求免单、积极参与的同时，也热衷于在社交网络中分享该活动，既满足了营销需求，又提升了店铺的知名度。该活动以简单、有趣为原则，越简单、越有趣，越能够达到预期的效果。

比如，餐饮行业就可以根据自身主营产品设计挑战，如吃得最多、吃得最快等；超市可以挑选幸运顾客参与选购，在5分钟内任意选购商品，价格最高者可获得免单资格；服装店可以发起集赞挑战，参与活动的顾客需发布一则指定朋友圈，在一个小时内获得点赞最多的顾客可获得免单资格等。

　　在免费送的活动中，免费是方法，拓客锁客才是目的。因此，任何活动形式和活动内容都要给予顾客一个分享或再次进店的理由，否则除了短暂聚拢人气之外，免费送活动就真的变成了赔本赚吆喝。

以口碑效应带来裂变式增长

实体店举办的所有营销活动，核心目的只有一个——获客。在这些的营销活动中，裂变无疑是最高效的获客方式，一旦将顾客变成业务员，那么，实体店将获得源源不断的顾客资源。

美国著名的推销大师乔·吉拉德曾说："每一位顾客背后，大约站着250个人，这些人与他的关系都比较亲近。"简单来说，就是当我们服务好一位顾客时，他就可能为我们的店铺带来更多的顾客，也许是5位，也许是10位，甚至更多。这种病毒式的裂变方式所带来的潜在顾客数量是无法想象的，即便无法呈现出理想中爆炸的增长效果，在实际生活中顾客之间的转介绍对于店铺的拉新和顾客留存也具有很好的效果。

比如，一家开设在学校附近的小餐馆，规模虽不大，但凭借精致的菜品和服务，生意一直不错。如果学校的老师在餐馆就餐后，由衷地认可餐馆的菜品，就会在日常聊天中推荐给自己的同事以及学生的家长。如此，前往餐馆就餐的顾客数量就翻了很多倍。

顾客转介绍的模式之所以高效，一方面在于顾客资源裂变效果要远高于一对一开发，由一个顾客去带动"背后的250个顾客"，使顾客群体呈几何级数增长，实现低成本获客；另一方面就是熟人经济，熟人经济讲究的是熟人之间的信任感带来的说服力。好比我们要网购一些物品，逛店铺，看评论，货比三家，有时某一条差评就会让我们在购物时变得犹豫，但如果朋友给我们介绍了一款产品，即使之前有看到几条对店铺和商品的差评，也会义无反顾地相信朋友。在营销方面，店铺天花乱坠的广告和评价，远没有身边朋友的推荐有说服力。

那么，在实体店经营过程中，该如何将顾客"变成"业务员呢？关键在于把控店铺与顾客之间的利益关系。下面，我们以一家美容院的裂变模式为例，展开来说明。

◎ 让顾客认可商品或服务的价值

让顾客认可商品或服务的价值，即满意度问题。在将顾客"变成"业务员之前，首先要让顾客认可我们的品牌、商品或服务的价值，也就是说让顾客拥有一个十分良好的购物体验。

当我们第一次接待顾客时，不要去推销产品、推广活动，而是要介绍我们自身的优势，我们的服务为什么比别人贵？我们的产品为什么性价比高？比如，在美容过程中，为顾客讲解我们的手法有哪些特殊的地方，让对方去感受。

只有顾客在消费过程中获得良好的体验后，他们才会发自内心地向身边的人推荐这款产品或服务，并将其视为"好物分享"，这种自发的裂变完全由顾客的状态而定，需进一步刺激。

◎ 实际利益驱动裂变

第一种方式，赠送礼品。比如，顾客为美容院介绍一位新的顾客即可获得一瓶爽肤水或护手霜。需要注意的是，无论什么行业，店铺所提供的礼品一定要在顾客的认知中属于高价值的物品，而实际上属于低成本物品。比如，店铺拥有特殊的拿货渠道，常见的一些几百元、上千元的护肤品，美容机构拿货的价格不高，又或者是自家营销或包装出来的新产品。

总之，要让顾客在感到物超所值的前提下，尽量压缩礼品的成本。

第二种方式，赠送服务。比如，顾客为美容院介绍一位新的顾客，即可获得该顾客在美容院消费的服务项目。这种方式具有一定的诱导性，能极大地提升顾客转介绍的驱动力，比如，一名顾客在美容院看中了一套服务项目，但价格十分昂贵，在该营销活动的加持下，她就会介绍身边的朋友来消费该服务项目，在为店铺带来顾客的同时，自身也获得了利益。

第三种方式，现金奖励。比如，新顾客在美容院充值1 000元，介绍人即可获得1 000元的消费额度。这是最直接的利益驱动方式，但在奖励设置的过程中，是现金还是现金抵用券需根据实际情况而定，一般根据金额数量进行决定，返现的比例也是如此。

第四种方式，合作关系。比如，当顾客的会员升级到某一个级别，美容院可以赠送分红权，让顾客进行投资获得股权，当顾客变成老板自然会不遗余力地介绍顾客进店。当然，这种方式同样需要根据实际情况而定。

在整个裂变体系中，我们最需要注意的是"认可"环节，该环节必不可少。在让顾客变成业务员时，需要以对方认为该产品或服务物超所值、自发去传播推广为前提，如此才能使顾客裂变获得最佳的效果。否则，单一的利益驱动会使裂变的效果不稳定。

不可放弃的传统宣传方式

线上宣传推广是现阶段备受青睐的一种宣传方式，以覆盖面广、成本低、传播速度快为主要优势，可帮助商家在短时间内将大批线上流量引入线下，实现快速获客。但是，在重视线上渠道的同时，商家们也不要忽视传统宣传方式，只有线上线下相结合才能最大限度地获得更多的顾客。

线下宣传方式多种多样，有地推、广告等形式，相较于线上宣传推广方式，"线下"似乎存在很多弊端，比如成本高、扩散慢、受地域限制等，但对于实体店开业预热或宣传而言，这些弊端却无伤大雅。主要原因在于实体店的目标顾客群体一般就是某一个区域的一类人，不涉及地域、扩散的问题。因此，实体店进行宣传推广时，一定不要轻视线下渠道的作用，更何况，线下宣传推广方式也有自己独特的优势。

"线下"的优势在于可读性、吸引力、影响力三个方面，主要源自顾客日常的行为习惯。比如，人们在街边散步时，看见不远处张贴着一张巨大的海报，他们会停住脚步简单了解一下具体的海报内容，而如果人们在手机上浏览信息时，看到一则实体店开业的消息，一般只是了解到"开业"信息，而不会深入了解。前后两者的差别主要来自干扰信息，网络上的信息数量庞大，干扰信息过多，而线下的海报在周围环境的衬托下就会显得比较突出，更具吸引力。

再比如，线下活动和线上活动的影响力对于某一个区域的人是不同的。在某个小区内，一家实体店举办了一场有趣的地推活动，小区住户在闲聊中就容易提及这场活动，但如果是一个线上的活动，就不具备这样的话题性，因为无论是熟人还是陌生人，在沟通时一般会以双方了解的话题切入，线下的活动远比线上活动更具影响力。

那么，实体店在开业或日常经营中该如何利用传统宣传方式进行引流获客呢？

◎ 地推

1. 分发传单。一种最传统的线下宣传方式，可以让周围的人们通过传单或宣传册了解实体店的信息。一般雇佣一些兼职人员在目标顾客活跃的区域进行分发，或者与附近客流量较多的门店进行合作，将店铺宣传册放在收银台上。

2. 推广赠礼。多使用扫码加微信的方式，寻找目标顾客，与对方建立沟通，添加微信后赠送对方一个小礼品，可配合传单和宣传册。在宣传推广时要注意话术和态度，比如，你为一家瘦身美容馆进行地推，在与顾客进行沟通时，可以说"美女，我能认识一下您吗？加个微信，我是开美容院的，送您一个小礼物"，将礼物直接递给对方，展示一种不容拒绝的热情。

3. 线下推介活动。举办一场活动能够在短时间内聚集起目标顾客，实现面对面接触，利用一些抽奖、游戏等活动内容营造话题，引起周围人们的舆论注意和传播，从而实现在区域内扩散的目的。

◎ 广告

广告在实体店营销中占据着重要的位置，很多实体店在开业时经常会投放一些广告来获取顾客，比如电梯广告、地铁广告、路边指示栏广告、车贴广告等，这些广告的成本过高，实体店商家可根据自身预算进行选择。

此外，张贴海报、横幅等同样属于广告形式，适合中小型实体店商家，主要通过视觉和听觉因素实现宣传，比如，实体店的门头标志要醒目、橱窗要美观，在实体店门口悬挂横幅，放置拱门、彩旗等，又或者在门口通过广播、显示屏进行宣传。

◎ 异业合作

与周边的实体店进行合作，互换顾客资源和口碑传播，要求合作的店铺产品没有重合度和利益冲突点。比如，一家美容店就可以和附近的汗蒸馆、瑜伽舞蹈培训机构、美发店、健身馆等实体店家合作，如在美容店办理会员卡，在享受会员各种权益的同时，还可获赠一张汗蒸馆的打折券。

异业合作的具体内容需要实体店商家在走访之后，与其他参与合作的商家进行商议确定，可以是双方的优惠权益互换，也可以是引流产品互换，总之都需要顾客前往另外一家实体店。

如今的传统实体店已经无法像过去一样等待顾客上门，只有主动去提升自家店铺的名气和口碑，才能使更多的顾客了解店铺，信任店铺，进而进店消费。

巧妙利用朋友圈裂变涨粉

在微信营销中，最常见的词无疑是"裂变"，一场刷爆朋友圈的裂变活动，能够实现粉丝的井喷式增长，为线下的店铺带来巨大的流量以及曝光。如果实体店没顾客、没粉丝，不妨利用朋友圈进行裂变涨粉、吸引流量。

微信是当前应用最广的一款社交软件，而朋友圈作为微信平台中的一项功能，也是备受用户青睐。因此，微信朋友圈营销裂变具有很大的先天优势。

所谓裂变，就是让自己的粉丝或顾客呈几何倍数增长。朋友圈裂变的逻辑就是利用虚拟课程或实物，吸引用户转发活动海报，从而让裂变活动和店铺被更多人的了解，吸引更多的人关注，引流到线下的实体店中。当用户被你提供的奖品所吸引，就会参与活动，而为了获得奖品，他就需要完成你设置的任务，而这种带有分享效果任务会以参与者为中心进行扩散，使越来越多的人知晓这一活动。

一个母婴店曾做过一场朋友圈裂变活动，仅4个小时就成功增粉8 000多人。它选用育儿书籍为礼品，要求每个参与活动的用户需推荐10个人添加店铺个人账号为好友，完成任务的前50名将获得一本育儿书籍，并在朋友圈中分享该活动即可领取书籍。

相较于其他引流方式，微信朋友圈任务裂变的增粉速度和转化率是非常可观的，最重要的是，朋友圈裂变成本要更低。但需要注意一点，关于礼品的价值问题，需要避免过于主观的价值判定，也就是说，礼品的价值要从顾客的角度出发，找到他们的痛点和痒点，并对症下药，提供相应价值的礼品，才能有效调动用户的参与热情。否则，即使精心策划的活动也是无法成功启动的。

那么，实体店该如何利用朋友圈任务，实现裂变涨粉引流的目的呢？

◎ 设计与店铺相关的裂变诱饵

利益是朋友圈裂变的主要驱动力，也就是实体店商家为用户提供的奖品可以是一个产品、一个知识，也可以是一项服务，该奖品需要满足以下两个条件，才能达到裂变引流的目的。

1. 奖品具有一定的价值。主要是指能够对用户产生诱惑力的虚拟物品或实物，足以激发用户的参与兴趣。这种诱惑力可以通过高价值或满足用户需求来实现，比如新款的iPhone手机、按摩椅等，此类奖品的对外售价很高且大众化，因此极具吸引力；像篮球、鱼竿等奖品对于一些热爱打篮球、钓鱼的用户来说同样具有吸引力，这就是满足了某种需求。而一些类似玻璃杯、筷子、纸巾等低价值物品是不适合作为奖品的。

2. 奖品与实体店主营产品具有相关性。相关性的目的是实现后续的转化，否则仅凭利益引诱而来的流量是无法留存和转化的。比如母婴店的裂变礼品为育儿书籍，化妆品店的礼品为美白补水面膜等。

◎ 严谨的裂变活动流程

朋友圈裂变的玩法可以是分享、邀请、集赞等多种方式，关键在于整场活动的严谨性。以集赞玩法为例，某养生馆举办了一次微信"全民集赞拿iPhone"活动，用户在朋友圈中分享活动海报将有机会获得新款iPhone

手机、足浴盆、养生茶等多种礼品，朋友圈集赞达到50个赞可获得养生茶一份，限量100份；集赞200可获得足浴盆一个，限量30个；集赞500可获得新款iPhone手机一台，限量5台，先到先得。该活动仅限7月20~30日。用户可扫描海报中的二维码添加微信号进行参与。

因此，裂变活动需要一个明确的主题、阶梯式的奖励方案、限时限量等提升紧迫感的限制因素以及简单便捷的参与方式。

◎ 注意顾客的留存和转化

当用户添加微信号或服务号后，需要及时向对方介绍活动规则以及奖品的数量和获取方式，同时将参与活动的用户拉进微信群中，不时更新奖品的领取情况，并在奖品发放完毕后，通知所有参与活动的用户。向没有获得奖品的用户发放一些安慰奖或小红包进行安抚，提升用户的体验感，为下一次活动积累种子用户。

对于实体店宣传推广而言，朋友圈任务裂变不仅要重视奖品、活动流程等内容，还要重视用户的参与体验，如此才能更好地留存顾客，有助于后续的转化。

第四章

看得见摸得着，让顾客放心下单

试用：给顾客真实、立体的体验

真实感是实体店最大的魅力，顾客通过"试穿、试用、试吃"等方式能够近距离接触商品，获得更真实、立体的购物体验。

阿迪达斯和耐克都是将"试"玩到极致的品牌。耐克在纽约的一家旗舰店中设计了微型足球场和篮球场，球场中的电子设备可模拟现实的各种环境，让顾客见到自己在不同场景下身着耐克服装的形象。阿迪达斯则以"青春"为主题，在体验店中设计了水泥楼梯、更衣室、看台等校园建筑和设施，营造了一种置身于校园体育馆的氛围，从而勾起顾客对青春的记忆。当然，这种"试"属于更高级别的"试穿"。

顾客在面对一款商品时会下意识地在脑海中模拟自己使用这款商品的场景，以服装为例，他们会想象自己穿在身上是否得体，是否美观，与自己的气质是否匹配等，这种想象是诱发消费决策的因素。但是，脑海中模拟的场景真实性较低，很容易被其他因素干扰并影响消费决策，比如"万一不合身怎么办""颜色和自己的肤色不搭"等疑虑。而试用则能够完全消除这种疑虑，从而推动消费决策。一件衣服是否适合自己，只有穿在身上的那一刻才能作出判断。

实体店的商品都是看得见、摸得着的，商品的颜色、质量、大小等一目了然，好不好吃可以品尝，合不合身可以随便试穿，顾客完全可以当场体验，不用为商品适不适合自己而担忧，这也是网络购物所无法比拟的优势。

另一方面，"试"能够消除消费决策中的干扰因素。比如，一件价格高昂的商品如果没有"试"的环节，很可能会直接劝退顾客，当顾客亲眼见到自己身穿服装的靓丽形象、感受到精致食物对味蕾的冲击时，就能促使顾客放开手脚，完成消费行为。

在营销专业术语中，"试"实现了场景式、代入感和体验感，通过"一看二问三试用"，让顾客真实地感受到商品带给自己的好处。因此，实体店在运营过程中一定要重视"试穿、试用、试吃"等方式，来提升顾客体验感的手段。

那么，在"试穿、试用、试吃"方面需要注意哪些问题呢？

◎ 精选

既然选择利用"试"来实现高效获客，就不必在意成本，使用一些廉价或小众的商品作为"试品"，应尽量挑选一些大众消费者少见的商品。比如，一家水果店在选择"试品"时要避免牛油果、莲雾等小众水果，多选用葡萄、西瓜等口感较好的水果，同时避免采用像苹果、蜜桃等切开后易于氧化、卖相变差的水果。

◎ 突出

"试品"需摆放在店铺显眼位置，易于顾客试穿、试用、试吃。比如，试吃品需摆放在店铺门口或中间，空间较大，可容纳多位顾客试吃；试穿品需齐备，无论是新品，还是日常商品，都需要在货架上摆放齐全的型号，保证第一时间为顾客提供试穿服务；试用品的性能要保证良好，避免因长期使用而出现某些问题。

◎ 主动

保持热情和主动，不要告诉顾客喜欢就去试一试、尝一尝，要用最快的速度将商品送到顾客的手上，让顾客亲身体验，用行动替代语言。千万不要等顾客的回应，如果对方不喜欢，自然会一口回绝，但大多数顾客会在这种热情下产生试用的冲动。最重要的是，有时候销售人员的千言万语抵不上商品带给顾客的真实体验。

◎ 检查

作为"试品"的商品因为长时间暴露或被使用，难免会出现老化、损伤之类的问题，比如，试吃水果的水分流失、试穿衣物的汗渍、试用商品上的污垢等，为保证顾客的试用体验感，需要对这些"试品"进行及时的检查，并进行更换和清理。

"试"作为实体店的一大优势，在实体店运营过程中一定要引起重视，不必因一些蝇头小利而忽略这一有效的引流获客方式。

售后：良好的售后让顾客买得放心

无论是网店，还是实体店，都避免不了顾客的售后服务问题。任何人都无法保证每一件商品完美无瑕，每一件商品都让顾客称心如意。一旦顾客提出要求，店铺就需要尽快去处理这一问题，此时，网店反而不如实体店方便。

一位顾客在电器城购买了一台大屏电视，两位安装小哥跟随顾客返回家中进行安装，但由于电视的尺寸太大，无法进入电梯，几人只能爬楼梯上楼。等将电视搬到顾客家门口时，两人已经累得气喘吁吁，但他们还是马不停蹄地为顾客进行安装，并告知了对方一些相关的使用事项。可不久后，电视却出现了一些问题，顾客拨通电话后，不到半个小时，售后人员就来到了家中帮助他检查问题，最终发现是由于顾客的操作不当造成的无法开机，售后人员再次讲解了相关的使用事项，并将自己的电话留给了对方。

实体店的售后人员在接到顾客电话后，会及时地处理顾客反馈的问题，甚至上门服务都不是难事，流程简单快捷。网上购物则不然。首先是流程，相较于实体店，网店的退货流程要更为烦琐，需要顾客提出申请并寄还货物，由商家查验后完成闭环，但在整个过程中会多出一个物流部分，物流是造成各种矛盾的根源，由于不确定性因素的存在，很难保证寄还的货物不会在运输过程中出现遗失、损伤的情况，尤其是一些精密、易损坏的商品。更关键的是，当前相关部门对电商的监管力度远远不及实体店，这就使得一些不法分子有可乘之机。无论商家是有意，还是无意，都容易导致意外发生后出现双方争执、推诿的局面，极大地降低了顾客的消费体验。

关于时间方面，则会消费顾客大量的时间和精力去处理该事件。当事件发生后，顾客需要向商家反馈，由于是线上沟通，一些商家可能无法在第一时间处理此类信息，从而造成一定的时间损耗。然后就是寄还货物过程中运输的时间，如果意外发生，在确定责任的过程中还会存在采证、沟通的时间。这种对时间和精力的消耗远不如亲自到实体店更换商品来得省心。

对于实体店商家而言，售后服务的优势在于及时、到位，比如送货服务、安装服务等。当顾客购买大型的家电或复杂的仪器时，实体店商家会提供送货服务及相应的安装服务。这种贴心的服务是网购无法比拟的。因此，实体店商家在经营的过程中，一定要重视售后服务，争取顾客的信任和安全感。

◎ 正常服务时期

正常服务时期，即交易并未出现意外情况，售后服务内容包括处理消费者的咨询、特定产品在安装使用方面的指导以及"包修、包换、包退"服务等，在该阶段，实体店的员工要满足以下要求。

1. 及时接待。当顾客致电或进店寻求帮助时，实体店的工作人员需迅速作出反应，及时接待，尤其是交易完成后，顾客对产品产生的疑问。不要因对方的来意而故意忽视、敷衍对方，解决顾客的问题也是服务的一部分。

2. 主动提醒。关于一些店铺能够提供的服务，一定要在顾客购买时提醒对方，比如送货上门、上门安装调试等。千万不要等着顾客询问，而是要积极主动地帮助顾客解决问题。

3．态度真诚。在于顾客接触的过程中，面对积极的评价要表示感恩，面对负面的评价要及时自查，以真诚的服务和姿态取得顾客的谅解。

◎ 顾客纠纷问题

当实体店与顾客产生纠纷时，如果对方的情绪比较激动，一定要尽量安抚好对方的情绪。然后尽快了解纠纷的来源，是产品，还是服务，又或者其他问题。在了解了具体的情况之后，以事实说话，以平和、理性的态度帮助顾客解决问题，不推脱自家店铺应负的责任，同时也不一味地退让，以低姿态力求解决问题，避免陷入没有意义的口水战。

对于实体店商家来说，做好售后服务工作是放大自身优势的一个方向，良好的售后服务不仅可以提升店铺的口碑，更容易让顾客感受到店铺对于客人的态度，使其获得良好的消费体验。

环境：舒适的环境让购物体验更优

　　互联网的崛起使消费过程的诸多环节已经完成了数字化，比如，商品、货币、交易行为等都已经脱离了实体，使购物变得更加开放、自由和便利。但是，这种云消费的形式仅支持物质带给人们的满足感，而物质本身的体验感是这种数字化难以企及的，纯粹的消费乐趣是需要消费者通过听觉、视觉、嗅觉和触觉与物品互动产生，云消费永远也取代不了走路逛街的乐趣。这也是为什么逛街购物被一些人视为是休闲娱乐的一种方式，他们享受的不是买买买，而是享受这一过程所带来的轻松心情和释放感。在这个过程中，实体店就是作为满足这些休闲娱乐的载体而存在。

　　对于顾客而言，走出家门，穿梭在形形色色的店铺中，是一种变相的社交活动，通过人与人之间的沟通来融入社会，避免互联网的阻隔将自己封闭在自己的世界中。他们所需要的有时候并不是身上的一件衣服，而是通过逛街帮助自己从繁重的工作和日常的琐碎中抽离出来，远离顾客，远离家庭，享受只属于自己的一段自由时光。因此，能够受到顾客青睐的实体店一定是拥有良好的购物环境，足以满足顾客这种需求的实体店。

　　河南省的"胖东来"商超，小米创始人雷军给予的评价是："胖东来，在中国零售业是神一般的存在！""胖东来"神奇主要是体现在服务方面。光是一个普通的购物车，胖东来都会详细为顾客说明，并标注什么样的车适合哪些顾客使用。比如专门为儿童准备的购物车，而老人的购物车是轻便购物车，累了还可以坐着休息，上面还有放大镜，方便老人家查阅商品。而且，商场的每层楼都分别设置了母婴室、儿童卫生间、无障碍卫生间。

比如在对待商品上，"胖东来"会将顾客容易忽视的地方多加提醒，如何购买更健康卫生，哪些商品需要尽快存放或冷藏，以免变质变味等。在冷冻制品旁边，放着这样一副手套，让顾客在选购商品时可以佩戴，大多数超市甚至连消费者都想不到的细节之处，"胖东来"替你想到了。

"胖东来"还为顾客提供代购的活动。虽然商场的东西很多，但总有一些东西是没有的，没关系，只要你留下联系方式，"胖东来"帮你单独买，货到了会第一时间通知你。

实体店的优势在于体验感，实体店不妨站在环境的角度上放大这种体验感，让顾客更加享受购物带来的消费体验。

◎ 环境卫生

干净整洁的店铺环境是吸引顾客进店的一大助力，也是让顾客获得轻松愉悦感受的关键因素。因此，实体店商家一定要时刻注意店内的卫生问题，不要局限在营业结束的清扫，不然，地面上的一点污垢、货架上的一丝灰尘等都容易成为破坏顾客愉悦心情的存在。

每个去过胖东来的顾客都会对它的"一尘不染"印象深刻，货柜、地板、商品等没有一丝灰尘，甚至每一个垃圾桶都闪闪发亮。在这种干净的购物环境里，任谁都会感到愉悦。

◎ 人性化的设施

利用一些人性化的设施提升店铺的软服务质量。所谓人性化，就是想顾客所想，既满足对方的功能需求，又满足对方的心理需求。这些都体现在一些细节的服务上，比如，为宝妈准备的婴儿推车，扶手前可以放饮料，推车后面的挂钩可以挂购物的袋子。这样既能够让宝妈照顾宝宝，又能够安心购物，还不用担心没地方放采购的商品，可谓一举三得。

在人性化设施的选择上，实体店商家可以站在所有类型顾客的角度去审视店铺提供的服务，并大胆想象。比如，牵着宠物进店的顾客，需要宠物车或宠物箱；疲惫的顾客需要一把椅子和补充体力的小点心；为避雨的顾客专门陈列的雨伞等。总之，商家以拓宽自己的服务范畴，更好地满足顾客的需求为准则。

◎ 业态混搭

业态混搭的核心在于将销售融入顾客的生活方式，主要依靠将不同业务混搭在一起的模式。比如，优衣库加星巴克的混搭，顾客在挑选衣服的同时，还能享受一杯美味的咖啡，这对于消费体验来说是一个极大的提升。

除了服饰加咖啡，还有超市加餐饮、服饰加书吧、书吧加咖啡、服饰加彩妆、化妆品加日常用品、摄影加花店等，混搭的原则在于两者之间的联系要紧密，比如，顾客可以一边喝咖啡，一边看书，但不能一边做美甲，一边吃拉面。

逛街的乐趣体现在多种多样，实体店的购物环境打造需包容这种多元性，不要将售卖产品作为唯一目标，让顾客获得优质的购物体验才是最重要的。

信任：实体店让顾客更有信任感

生意归根结底在于信任，无论是线上线下，又或是哪种营销方式，只要与顾客建立信任关系就能实现产品的销售，而实体店就具备天然的信任感。

即使在电商处于巅峰时期，一些消费者在购买某些商品时依然会坚定地选择实体店，比如服装、首饰等。服装是一种奇妙的商品，只有当你真正穿在身上时，才能判断出它究竟适不适合自己，有时候尺码也有大小之分，一点点差别就能让人感到不适，这就是在体验层面上实体店带来的高精准度。而首饰一般价格不菲且假货频出，消费者在购买首饰时，更愿意进店选购，一方面能够见到实物，另一方面也可以从店铺的装潢、产品的认证等方面对即将入手的产品作出基本的判断，以免使自己蒙受巨大的经济损失。由此可见，这种信任的来源就在于接触。

面对面的形式更容易让顾客产生信任感，就像恋爱一样，两个人无论在网络上如何志趣相投、相濡以沫，想要走向婚姻殿堂势必需要一段时间的线下磨合，而这种基于现实的接触才是决定是否由恋爱关系转变为婚姻关系的关键因素。因为网络具有一定的掩饰性，位于网络两端的两个人为了促成这段关系，势必会掩饰自身的缺陷，或者说网络无法真正展示一个人的完整属性。而关于商品，消费者之所以更容易信任实体店，是因为他们更相信眼见为实。同时，人与人之间的互动也是影响信任感的重要因素，店铺工作人员在接待顾客的过程中，他的表情、语言、肢体动作等都能让顾客清晰地感知对方的情绪和态度，一旦双手有了情感交互，自然就能产生强烈的信任感。

实体店的优势在于体验，而体验恰恰是顾客产生信任感最有力的刺激，比如食物试吃、衣服试穿等。想象一下，当顾客走进一家花店，扑鼻而来的芳香和琳琅满目的鲜艳，能够让顾客更加直观地感受鲜花。顾客在专柜购买化妆品，工作人员亲自为顾客化妆，让顾客通过镜子见证自己的变化，这些设身处地的感受无疑是对产品最好的佐证。而顾客就是在自己认知的过程中对产品产生了判断，这种判断就成了双方信任关系建立的支撑，而实体店根本就没有掩饰的机会。

此外，店铺和商品的评价同样能够影响信任感，但实体店却能够完美避开这一点。网络的优势在于信息公开化，消费者在网购时能够轻易地看到与商品相关的买家秀、好评率以及实际评价，即使在一千条好评中见到一条差评，都会在消费者心中种下怀疑的种子，成为下单的阻碍。而实体店却没有让顾客了解万千大众评价的渠道，顾客对产品的评价仅限于自身的判断，这一点就加速了信任的建立。

那么，实体店该如何放大这种信任优势呢？商家可以从以下三个维度去建立顾客的信任感。

◎ 店铺或品牌的角度

主要包括店铺荣誉和口碑两个方面。荣誉包括资历、证件、荣誉和品牌文化等诸多方面。比如，现实生活中常见的百年老字号、某旗舰店等，这些名号在一定程度上体现了产品和服务的品质，一家店铺历经百年长盛不衰，自然有它独到的优势，同时也是一种被大众信任的标志。而一些官方颁发的证件则代表了严格的监管制度，锦旗则代表大众的好评。将这些荣誉合理地展示在店铺内，可以极大地提升店铺的信任感。

口碑代表的是大众对店铺的态度，打造良好的口碑，也能成为顾客对店铺产生信任的一大助力。

◎ 产品的角度

产品自不用多说，主要是质量和服务，让顾客拥有优质的试用体验，一方面产品属性方面需要过关，另一方面顾客的服务态度让顾客感受舒适，全身心地投入到试用当中。

◎ 专业的角度

实体店商家在一个行业深耕多年，需要保证自己的专业性足够强，才能在为顾客提供有效方案时说服顾客。主要包括自家产品的属性，此时需要应用到一些顾客关心且专业的词汇。比如，建材店在推销地砖时，通过釉面厚度、密度、防滑等特征为顾客讲解最佳的应用场景。同时，通过自家产品与同类竞品的核心对比，为顾客提供一个直观的可衡量的评判标准。比如，在进行同类对比时，传授顾客一套关于产品优劣的鉴定方法，让顾客自己进行判断。这种权威性和专业性往往是影响双方信任的重要因素。如果推销员对产品含糊其词，顾客又怎么能认可产品呢？

对于销售而言，信任尤为重要，它往往决定了交易的成败。既然实体店拥有天然的信任优势，那么实体店商家不妨注重这一优势，让其成为促成交易的一大助力。

第五章
让顾客享受面对面的高质量服务

找准搭话的时机

在实体店经营中，店员的搭话技巧是一门学问。有时候，一些原本没有购物需求的顾客偶然进店却能快速成交，而一些带着明确目的进店的顾客也可能在几分钟内被光速劝退，这里面，店员的搭话技巧就起到了至关重要的作用。

俗话说："好的开端是成功的一半。"顾客进店的那一刻，就是销售的开始，如何留住顾客，给自己更加充裕的时间去攻克他们才是关键。当一个人进入陌生的环境中，内心会产生不安全感，会下意识地防备店员的言语进攻，尤其是在顾客的认知中，两者之间只存在一层简单的利益关系，这就意味着一些常见的搭话内容很容易增强顾客的防备心，提升销售的难度。

比如，当顾客进店时，店员一般会以"请问您需要什么样的产品"之类的话开场，但大多数顾客的回复通常是"我自己先看一看"，如果此时店员自顾自地介绍起自家的热销商品，热情地鼓励顾客去试用，反而会让顾客产生不自在的感觉，不利于后续的推销。

根据顾客的进店行为，我们可以将顾客分为主动型和非主动型两种。主动型顾客是指，带有明确目的进店，他们一上来会表明自己的需求。这时，店员只需要跟随顾客的节奏，适时作出温馨的提醒即可，比如，"还有一款""这一款也不错"等，所有的提醒需建立在顾客的需求之上。也就是说，当顾客需要一件衬衫时，店员所有的语言导向都要集中在衬衫上，千万不可一味地向对方推荐自家新上架的皮鞋、大衣，否则很容易劝退此类顾客。

非主动型顾客，一般是指少言寡语、不愿沟通，或者没有明确购物需求的顾客。他们往往就是那些"随便看看"的顾客。此时，类似"请问您打算挑一些什么样的商品"的言语具有明显的进攻性，会给顾客造成一定的压力，降低顾客的购物欲望。因此，店员不必纠结于"随便看看"的问题，担心到手的订单会溜走，而是要尽量减少顾客的心理压力。当顾客说出"自己看看"的时候，需要给予顾客一定的空间，不必开口推销且双方保持两米以上的距离，在不打扰顾客挑选的同时也能保证提供及时的服务。

如果顾客在看了一段时间后依然没有主动开口，店员需要主动上前做适当的引导，比如，"如果没有太喜欢的，您可以看一下我们店最近新上的很多顾客都喜欢的产品，买不买没关系，您可以先了解一下。这边请。"如果此时店员的引导仍然遭到拒绝时，不可继续纠缠，需以退为进，彻底将主动权交还给顾客，表示"您可以再看看，如果有什么需要，随时叫我"，并且在离开前为顾客提供一杯水或咖啡，以获得顾客的好感。

在熟悉搭话时机之后，店员需要根据实际情况采用不同的搭话技巧，以彻底拿下进店的顾客。

◎ 新品上架

新品是实体店中的卖点之一，而顾客也更喜欢这种最新流行的款式。因此，与新品推荐相关的话术必不可少。在推荐时切忌提出问题，如"新品刚刚到货，您有没有兴趣"，而是要采用"介绍+效果"的方式。

比如，"这是今年最流行的欧式风格家具，放在家中显得十分大气，我给您介绍一下""这款手表是我们集团最新推出的高级款，非常适合您的气质，您不妨感受一下"等。

◎ 促销活动

促销是刺激顾客消费欲望的一大利器，在搭话时讲究突出顾客进店的时机很好。比如，"您来得太巧了""您运气真好""您太幸运了"等，然后衔接店铺的促销活动。

◎ 限时刺激

对于顾客中意的商品，需要表现出机会十分难得，利用限时限量刺激顾客抓住这次机会。比如，"我们的活动马上就截止了，现在买是最划算的，您可以将省下来的钱买更多自己喜欢的东西""这款产品是邀请国外知名设计师参与设计的，属于限量生产、限量发售的款式，建议您不要犹豫"等。

◎ 营造热卖气氛

当顾客对某一件商品表现出兴趣时，可趁热打铁营造一种商品热门的气氛，消除顾客的犹疑。比如，"这款家具卖得很火，这个月已经卖出600多套了"等。

留住顾客才能有效实现商品销售的目的。因此，在销售过程中需要把控搭话的时机和搭话的技巧，逐步攻破顾客的心理防线。

热情，但不要过度

热情，是实体店店员的培训课题之一。以热情、周到的服务来感动顾客往往是一些实体店制胜的法宝。但是，热情虽好，但千万不可过度。

所谓热情过度，是指店长和店员在制定服务准则或提供服务时，以自我为中心，在不了解顾客的心理和需求的前提下，出现的不为顾客所接受和喜欢的各种行为。比如，某火锅品牌的生日祝福服务，当顾客在生日当天进店就餐，服务员一旦获取信息就会举着灯牌，一起唱歌跳舞为顾客庆生。对于一些喜欢这种氛围的顾客而言，自然是深受感动，但对于那些低调、内敛的顾客来说，这种服务无疑会让他们尴尬不已。

某位网友曾在微博上吐槽，自己和朋友是"社恐"，二人一起前往火锅店聚会，恰逢当天是朋友的生日，为了避免热情的"生日祝福服务"，她们将蛋糕藏在书包里，偶尔会用勺子偷偷吃一口，但这一举动被服务员看到后，两个人还是迎来了"生日祝福服务"，全场的目光都集中在她们二个人身上，这让她们尴尬不已。

为什么这种积极主动的服务却没有取得好的效果？关键在于服务为顾客带来的价值感知不匹配。简单来说，就是顾客不需要这种服务，而且这种自以为是的热情为顾客带来了不适感，从而降低了顾客对服务的满意度。

在现实生活中，过度服务的例子比比皆是。比如，不加控制的热情推销，顾客自进店开始，耳边就没有安静过，各种款式，各种优惠一句接一句，完全无视顾客的情绪状态。又或者"贴身"服务，紧跟着顾客，眼神时刻盯着顾客的一举一动，看似可以提供及时的服务，却忽略了双方的舒适距离，甚至会给人一种被监视的感觉。这种方式会让顾客产生本能的警惕，降低购物体验。因此，有时候越主动反而越容易让顾客感到被打扰，原本促进销售的热情因素也会起到适得其反的效果。

那么，在服务过程中该如何避免热情过度呢？

◎ 以顾客为中心进行需求分析

其目的在于把握顾客在购物过程中所期待的服务，主要从两点出发：第一，以服务者的角度进行专业性分析，提供什么样的服务和产品，能够让顾客获得愉悦的感受；第二，以被服务者的角度分析，如果自己是顾客，希望听到哪些内容，享受到哪些服务方式，又或者对哪些行为感到反感。这就需要店员在短暂的接触中，去判断顾客属于哪一种性格，比如开朗型、内向型、"社牛"型，每一种性格都对应着不同程度的热情。当服务始终以顾客为中心时，热情过度的情况就会大大减少。

◎ 弱化销售意图

所谓弱化，即不刻意隐藏，但也不充分展现。店员的任何话术都带有明显的销售意图，这一点每个顾客都能感受到，但过于强烈展示销售意图就像是在对顾客说"赶快买"。比如，急于促成交易，表现为不断向顾客讲解产品优势、店铺限时活动等。以手机店为例，当顾客在试用手机时，询问店员手机配置问题，店员在回答顾客问题后紧接着表示："这款手机非常适合您，如果您今天购买的话，我还能为您申请一份礼品，同时享受折扣优惠。"大多数顾客在面对这种带有催促性质的销售攻势时，会感到一定程度的烦躁。

因此，需要将购物的主动权交给顾客，不必急于成交，热情鼓励顾客去亲自体验，让对方作出购买的决定。

◎ 点到为止

点到为止，是指不重复。尤其是在提供增值服务、附加服务时，当顾客表示拒绝后，不要死缠乱打，一味地展示服务带给顾客的利益。比如，一些甜品店在顾客购买甜点后，会表示扫码关注店铺公众号，可一元换购一杯奶茶，当顾客拒绝后，店员会再次表示"这个很好啊，又不花额外的钱，只要一元就行"。顾客拒绝势必有自己的考虑，虽然店员只是希望顾客能够参与优惠活动，但持续的劝说会让顾客感到厌烦。

服务的本质在于满足顾客的需求，热情的意义在于让顾客心生亲近，而过度的热情和服务反倒不利于达成目的。因此，适度的热情和服务才能让顾客感受舒适。

关注服务细节，做到极致

服务本质上与销售没有直接的关联，销售属于价值交换，解决的是功能性问题，而服务所提供的是一种独特的价值，或者说是满足感，能够满足顾客需求中的情感部分。因此，服务的出发点就是打动人心，而这就需要关注每一个服务细节，并且将它们做到极致。

一位进行牙齿矫正的顾客在治疗结束后，收到了一份口腔机构准备的礼物。礼物是一本相册，记录了客人在牙齿矫正过程中的变化，并且每一张相片都搭配着一句鼓励的话。顾客打开相册的那一刻，激动的心情溢于言表，他没想到这家口腔机构竟然如此关注、关心自己的牙齿情况。

能够触动顾客内心的一定是服务过程中的某些细节。很多实体店在经营过程中，会规定服务的标准，包括接待人员的仪表、态度以及服务流程中的关键事项，比如，时刻面带微笑、积极主动地了解顾客的需求等。但是，这种服务基本上所有实体店都会提供，这也就意味着常规的服务内容在顾客眼中会显得过于模式化、流程化，它虽然能够让顾客感到舒心，却很难给顾客留下深刻的印象。反观细节服务，才是真正做到了想顾客所想，急顾客所急。

海底捞被誉为服务行业的佼佼者，每一位初次进店的顾客都会对它的服务印象深刻，关键就在于海底捞更加注重服务中的细节。比如，在顾客进店时，主动帮对方停车，并在顾客就餐期间提供免费擦车服务；在顾客就餐时，为长发顾客提供皮筋和发卡，为戴眼镜的顾客提供眼镜布等。最重要的是，这些服务根本不需要顾客开口，而是由服务员主动提供，这就是服务中的细节。

很多实体店的服务之所以显得模式化、流程化，主要原因在于他们习惯于将重心放在一些顾客不满意的大问题上，且时刻与商品挂钩。比如菜品是否满意、顾客是否有忌口、服装是否得体等。此类服务依旧是以商品为主导，只有商品为顾客带来的价值令对方感到满意时，才能获得一个较高的满意度。但是，顾客进店购物消费不仅仅看重需求是否得到满足，更在意购物消费过程的体验感，这也是海底捞一经上线就声名鹊起的重要原因，它能够从细微之处提高顾客的满意度，使顾客获得无与伦比的消费体验。

那么，实体店在接待顾客时，如何把握服务中的细节呢？

◎ 培养主人翁意识

店员应将每一位进店的顾客都看作是来到自己家中的客人。职工与"主人"最大的区别在于，职工会将自己和顾客的关系简单地归结为利益关系，对方买东西，自己卖东西，只要充分展示商品的优势，满足对方显性需求，促进交易完成即可。但是，"主人"在此基础之上，会考虑双方的情感关系，为对方留下良好的印象。比如，客人到家中拜访，主人会为对方拿出拖鞋；习惯性地接过对方手中的重物；请对方入座并倒一杯水；当对方拿出香烟时会主动点火，并将烟灰缸放在对方前面等。而将这种行为带入实体店的服务当中，就属于细节。

因此，实体店在服务培训中，需要主动培养店员的主人翁意识，让他们将店铺视为自己的家，将每一位进店的顾客视为拜访的客人。如此，才能更好地发现服务中的细节。

◎ 满足个性化需求

所谓个性化需求，是指独立于服务规范之外的需求。主要针对一些具有明显特征的顾客人群，比如，海底捞中为长发顾客提供皮筋和发卡，为戴眼镜的顾客提供眼镜布等，都属于满足了顾客的个性化需求。类似的还有为满头大汗的顾客提供一杯水和一包纸巾，为尽显疲态的顾客提供一把椅子等。一般的顾客群体可能不涉及此类服务，但对于存在个性化需求的顾客而言，这些温馨的举动往往更容易触动他们。

对于个性化需求的满足无法写入服务的管理制度和规章中，主要体现在服务意识上，需要店员在服务中灵活把握。

◎ 以挑剔的眼光审视服务内容

在服务的过程中，以刻薄、挑剔的眼光审视自身的服务内容，有利于发现服务中不易察觉的细节。

服务无小事，服务中的一些细节可能有时候顾客都没有意识到，但如果店员能够察觉这些潜在需求并满足他们，就能带给顾客更大的惊喜，提升顾客的购物体验感。

和顾客聊家常，拉近心理距离

著名销售大师雷克汉姆为IBM公司做中国区域的销售报告时，通过6个多月的考虑得出了一个结论：在销售员与顾客会面的总时长中，双方讨论的正式话题的时长占比只有10%，而闲聊的内容却高达90%。这就意味着闲聊也是销售的一种手段，实体店在经营过程中也要懂得与顾客聊聊家常。

很多销售员认为沟通的意义就在于成交，只要自己将推销的产品充分展示给顾客，当对方存在需求时就会购买这款产品，实现成交。但是，这些顾客一般都属于强需求顾客，而且对产品拥有独立的判断。当销售员和顾客之间的话题始终围绕产品和价格开展，就会在无形中给顾客产生一种逼迫感，同时功利性过于明显，很容易劝退那些抵触情绪强烈或拥有多种选择的顾客群体。

任何顾客在进店消费时都会保持一定的戒备，盲目的推销往往会带给顾客一种错觉，让顾客觉得销售员认为自己是头大肥羊，必须狠狠宰上一笔。还有一些顾客由于不善言辞，无法精准表达自己的需求，一旦销售员在推销时只顾介绍产品，就不利于接收顾客的信息，从而导致成交失败。而与顾客聊聊家常的目的就是让顾客卸下防备，消除双方的陌生感，进而让顾客更好地表达出自己的需求。一件产品能否被卖出去，关键在于销售员对于顾客要求的了解是否全面。

一位老人走进一家电器城，打算买一台全自动洗衣机。店内的导购争先恐后地为他介绍店铺的新品，一面讲解洗衣机品质有多好，智能系统有多强大，一面暗示洗衣机的价格并不贵。然而，老人只想自己随便看看，然后便独自离开了。一连几天都是这种情况，直到有一天，一名导购不再直白地推荐洗衣机，而是和老人聊起了家常。几句话下来，导购才明白老人确实是需要一台全自动洗衣机，但是怕自己年纪太大，担心不会使用。于是，导购向老人推荐了一款质量高、操作简单的洗衣机，老人便十分开心地购买了这款洗衣机。

与新顾客沟通的难点就在于破冰，如何降低顾客的陌生感和警惕性，拉近双方的关系，和顾客聊聊家常就是一个很好的手段。那么，实体店的工作人员该如何与顾客聊家常呢？

◎ 选择恰当的话题切入

在与顾客聊家常之前需要对顾客有一定的了解，才能更好地把控后续的聊天内容，因此，需要以一个恰当的话题切入，才是使对方暴露更多的信息。所谓家常，也就是家长里短的琐事，需要以个人或大众话题切入，个人话题就是以顾客自身展开的话题，比如，您空余的时间会做什么？这样做的好处是避免触碰私密或较为沉重的话题，如果一上来就聊对方的伴侣或孩子，对方却表示他们去世了，这样整个沟通气氛就会变得很尴尬。

大众话题是指电视新闻或当地发生的一些被大众熟知的事件，比如，最近养老政策又调整了，您知道吗？对方表示自己听儿子说了，今天还和老伴说了这件事。由此，我们就可以得知对方有老伴和儿子的信息。

◎ 话题的展开

为了达成话题的一致，把握谈话的节奏，就要合理地展开话题。比如，向上展开。

销售员："您闲暇之余喜欢做什么？"

顾客："我平时喜欢读书。"

销售员："从您的气质就能看出来，您非常注重自我提升。"

顾客："还好，多了解一些东西总是好的，像读书、看电影、听讲座，我都非常喜欢。"

将读书这种较小的话题上升到"自我提升"这种大话题上，从而使话题得到了延伸，避免冷场的出现。

也可以向下展开。

销售员："您闲暇之余喜欢做什么？"

顾客："我平时喜欢读书。"

销售员："那您平时都看一些什么书呢？"

顾客："历史、财经都会看。"

向下展开也就是深入交流，通过提问给对方一些选项，把对方框定在自己的话题中，以把握沟通的节奏。

◎ **聊家常的时间把控**

在聊家常的过程中，如果对方主动将话题拉回产品，就可以根据对方的需求介绍对方感兴趣的产品。如果对方一直沉浸在闲聊中，销售员就需要主动终止话题，闲聊时长控制在15分钟之内，开始正题，避免将时间浪费在闲聊中。

实体店中的销售员或店员一定要明白，聊家常的目的是拉近双方的关系，其最终意义还是为完成交易铺平道路，千万不要忘记自己的使命。

多微笑让顾客如沐春风

微笑是人际交往中的一种礼仪，它是一个人内心状态的一种外化表现，虽然无声，却能有效传递出店员对顾客的热情和尊重。微笑能快速拉近自己与顾客之间的距离，让顾客感受到自己的真诚。

沃尔玛有一个"三米微笑法则"，即每一位员工需要对三米之内的顾客保持微笑并主动询问顾客需要什么帮助。三米微笑原则是由沃尔玛创始人山姆根据自身经历总结出来的。山姆自幼家境贫寒，很小的时候就做了报童以补贴家用。在卖报的一段时光里，他发现当自己微笑地向周围的人推销报纸时，更容易被对方接纳。

这种习惯一直延续到他的大学生涯。他用微笑展现的友好态度，令很多人对他印象深刻。在创办了沃尔玛之后，他将微笑作为服务的原则纳入了企业的规章制度中，而这一原则也确实帮助沃尔玛取得了很好的成绩。

销售员乔·吉拉德说："当你笑时，整个世界都在笑。一脸苦相没人理睬你。"任何人都不会喜欢一个服务态度冷冰冰的销售员，无论什么行业，在不考虑店铺商品质量的情况下，销售员的态度在一定程度上决定了顾客是否再次光临小店。对销售员而言，微笑能够营造出一种和谐融洽的气氛。面带微笑与顾客沟通，更容易让顾客感到放松，从而减少顾客内心的戒备。简简单单的一个微笑隐藏着巨大的经济效益，销售员将微笑融入销售的整个过程中，能够对实体店的经营和发展有着很大的影响。

同时，微笑服务也是化解顾客怨气的一大法宝。正所谓："伸手不打笑脸人。"即使进店的顾客心情不佳，甚至怒气冲冲，当每一位店员都对他保持微笑时，他也很难将情绪带入后续的购物过程中。尤其是当顾客对实体店的产品或服务感到不满时，微笑所营造的氛围能够最大限度地获得顾客的谅解，没有人能够抵抗微笑的魔力。

那么，销售员该如何保持一种微笑的状态呢？其关键在于日常练习。

◎ 微笑的规范要求

1. 口眼结合。在微笑中，眼睛是情绪展示的关键一环。眼睛本身就具备传神送情的功能，只有嘴巴、眼睛结合起来，被肌肉自然的牵引才能使微笑扣人心弦。

2. 笑与神、情、气相结合。神指的是神态，在微笑时要情绪饱满，神采奕奕；情是指感情，映出美好的心情；气指的是笑出大方得体的好气质。

3. 笑与语言结合。微笑和语言都是传递信息的重要渠道，只有做到声情并茂，才能使微笑发挥应有的功能。

4. 笑和肢体动作相结合。自然微笑时会牵动肢体，让身体处于一个放松的状态，才能形成一个完整的微笑。

◎ 微笑的训练方式

当员工对微笑的动作和心态有了充分的认识后，即可采取一些行之有效的训练方式。

1. 在员工宿舍、更衣室、办公室等员工频繁进入的地方悬挂一面镜子，旁边张贴警示语，提醒员工注意微笑。

2. 在开早会时，领导可以适时讲一些有趣的故事，让员工感到放松。

3. 指定明确的微笑标准，供全体员工参考。

◎ 微笑的训练方式

1. 员工之间面对面微笑。
2. 遮住眼部以下位置，练习眼部的笑容。
3. 让一些不爱笑的员工加强训练。
4. 举办微笑比赛，评选最佳笑星。

日本营销大师原一平说："笑能够将你的友善和关怀有效传递给准顾客。"这种友善和关怀恰恰是销售员需要让顾客感受到的情绪状态，每一次微笑都代表着真诚，彻底走进顾客的内心，才能让他们留下深刻的印象。

以专业赢得顾客的信任

在实体店经营中，博取顾客的好感是第一步，获得顾客的信任才是影响交易成败的关键所在。因此，店员应掌握与商品相关的专业知识，并在销售过程中为顾客进行全方位的讲解，才能让顾客快速信任自己，从而让顾客买得安心、用得放心。

为什么说专业性对销售店员来说很重要？主要是因为人有一种心理习惯，那就是信任权威。当店员具有很高的专业性，就具备了一定的权威，所提供的方案在顾客心中也就更有分量。最重要的是，顾客对销售店员一般会心存防备，如果只顾吹嘘商品而无法提供具体的证据，就容易被视为纯粹利益性质的推销。但是，如果店员能够告诉顾客，这款商品究竟好在哪里，差在哪里，就能降低顾客内心的防备，建立彼此之间的信任。

那么，销售店员该如何展现自己的专业性呢？

◎ 熟知商品相关知识

熟知商品相关知识，即顾客不了解的要知道，顾客了解的要比他们知道的更加详细。简单来说，就是能够解答顾客提出的一切与商品专业性相关的知识。比如，顾客问，这把菜刀好在哪里？你回答说，很锋利，刀口耐磨损。顾客又问，为什么这么锋利耐磨？你回答说，因为采用了高端合金钢工艺。顾客再问，是用什么合金锻造？你回答说，高碳低铬，既不容易生锈，又不容易变形，可长期使用……如果顾客对一款商品进行深入探讨时，势必做足了功课，我们只有比顾客了解得更准确、更清楚，才能让对方信服。

关于这方面的知识大致可分为三类：第一，商品的属性，即商品的名称、特征、性能、优势等；第二，商品的技术含量，即商品采用的原料、工艺、设计师等；第三，商品的效用，即商品为顾客带来的利益以及使用过程中的注意事项。

◎ 多元化、常识性知识

多元化、常识性知识，即除了商品相关知识外，与行业存在联系的一些知识。比如，顾客选择了一件外套，询问店员外套颜色是不是和裤子不搭，这时就要考验店员的服装色彩搭配相关的知识。不能一味说好，因为顾客首先对自己的穿搭有一个初级的判断，如果无法提供较为专业的知识，推销性质较强的话术不具备说服力。因此，销售店员不仅要深刻了解本行业的专业知识，还要了解一些多元化、常识性的知识，以此来充实自己的知识库。

◎ 特殊礼仪知识

特殊礼仪知识，即一些行业或商品的"潜规则"，在销售过程中，利用这些知识帮助顾客充分了解商品。比如，西餐牛排的几分熟，只有单数；咖啡不可豪饮等。这些都是关于礼仪方面的知识，一些很少接触某行业或商品的顾客难免会不知道，为了避免顾客出洋相，从而降低顾客的消费体验，销售店员还需要及时为对方进行知识普及。

销售店员的专业性知识不仅能够帮助顾客迅速全面了解某个商品，还能让对方有更加深入的了解，进而快速达成交易。

永远不要对顾客失去耐心

顾客是实体店经营的根本，客流量越多，成交的机会就越大。在实体店经营中，对顾客保持耐心尤为重要。

每一位顾客在进店选购时都有一个精挑细选的过程，期间可能需要店员不断地为他介绍各种商品的属性、特征、价格因素等，如果在一番折腾之后，对方仍没有明显的消费欲望，会让介绍的店员产生失落感，一旦此时店员的态度变得消极怠慢，就会降低顾客的消费欲望，也就丧失了成交的机会。因此，永远不要对顾客失去耐心，只要真心为顾客服务，才能招徕更多的顾客。

一家商场的销售员接待了一名想要购买豆浆机的顾客，当顾客提出自己想要的牌子后，销售员发现这款豆浆机在半年前已经停产，市面上少有存货。但销售员并没有放弃，而是询问顾客为什么想要这款豆浆机。顾客表示自己已经用了很多年，豆浆机的质量很好，磨出来的豆浆味道也不错。销售员提醒对方现在的产品更新换代都很快，没有想过买一个其他牌子的豆浆机。顾客回答得十分干脆，只想要这款豆浆机。销售员说这款豆浆机早已经停产，然后趁机向顾客介绍了几款新型豆浆机。但顾客始终放不下心中的顾虑，不断询问豆浆机的性能，以及磨出来的豆浆的味道。销售员一一为其解答，最终在销售员的真诚推荐下，顾客接受了新型豆浆机。

每一位进店的顾客都是店铺商品潜在的购买者，他们的犹豫、迟疑、吹毛求疵很可能源自内心的不理解、难以接受等负担，他们与店员反复的沟通其实就是一个验证商品是否适合自己的过程。如果店员向顾客提供了耐心的服务，对方终归会下定决心购买这款商品。相反，消极懈怠的态度会使对方失去验证的点，从而放弃消费。

耐心的交流和沟通，能够为店铺与顾客建立不同寻常的关系，这种包容性会让顾客感受到尊重，提升他们对店铺的好感度。那么，该如何对顾客保持耐心呢？

◎ 时刻保持内心平静

情绪波动会导致心态和行为的变化，耐心需要建立在内心平静的基础之上，才不会被顾客的挑剔、拖沓、犹疑所干扰。培养耐心就要时刻保持内心平静，避免急于成交的心态使自己变得焦躁，避免因顾客的行为而让自己满腹牢骚。

◎ 谨言慎行

约束自己的言行，避免意气用事。即使顾客有再多的要求也要保证服务的质量，不可降低自己的服务热情。比如，一名顾客在试穿衣服后，被价格劝退，一连几件衣服都是如此，诸多无效工作会使店员的情绪出现波动，以至于下意识地出现一些不当言行。

此时，店员需要谨言慎行，因为有些看似好心的提醒，却会被顾客误认为是一种无礼的表现。

◎ 避免我行我素

顾客进店，一定要以顾客为中心，避免我行我素。比如，当自己有事情需要处理时，需要及时告知顾客，获得对方的谅解，千万不要立刻终止双方的沟通，去处理事情，特别是在顾客的话还未说完的情况下。

◎ 做好顾客交办的每一件事

顾客提出的要求，能满足的尽量满足，不要害怕麻烦，也不要拖沓、回避，每一项工作都是在为交易成交做努力，耐心接受，认真解决才能让对方感到舒心。

只有不怕麻烦、不加反驳、不会反感，为顾客提供他真正需要的商品和服务，才能让对方感受到你的热情和耐心，从而促成交易。

不要让等待中的顾客感到无聊

进店消费的等待时间是顾客评价店铺服务质量的一个重要因素。没有人喜欢等待，尤其是在享受消费乐趣的情况下，等待的时间越长，就越容易让人感到烦躁和不满，但是排队等待的情况是无法避免的。既然不可避免，让等待中的顾客感到被重视才能让对方舒服愉快地享受等待的时光。

海底捞以服务闻名，一年四季进店消费的人非常多，经常出现排队等待的情况，但海底捞的操作却能够让等待的顾客不觉得无聊且乐意等待，甚至等待区也成了海底捞的一道风景线。比如，咖啡、酸梅汤、柠檬汁等饮品畅饮、免费的擦皮鞋服务、女士们喜爱的美甲服务，甚至还有川剧变脸表演等。这些内容极大地充实了顾客的等待时光，减少了等待的枯燥感，这也是海底捞制胜的法宝之一。

顾客在等待过程中很容易出现烦躁的情绪，主要是由于以下几种原因导致。

第一，等待的时间不确定。就像被关在一间屋子里失去了时间概念一样，短短几分钟也会让顾客感到度日如年。

第二，等待过程异常枯燥。人们往往会以刷手机、聊天打发等待的时光，但根本无法投入进去，导致顾客虽有事可做却依然感到枯燥。

第三，出现插队的情况。当顾客的耐心被消磨殆尽时，突如其来的插队情况会使顾客的情绪出现剧烈波动，随之对实体店的好感也大大降低。

第四，没有解释等待的原因。这会让顾客产生一种不可控感，似乎前面的顾客有着没完没了的要求，又或者店铺的效率太低，这种没有理由的等待更容易让人感到烦躁。

在了解了顾客在等待过程中的心理因素后，就可以对症下药，重塑顾客的认知以及心理预期，使他们感到被重视，从而提升等待阶段的体验。

◎ 合理规划等待区

等待的不确定性会导致顾客失去控制感，而合理地规划等待区可消除等待的不确定，让顾客清晰地感受到自己与接受服务的距离。比如，在排队区的地面设计用于计量距离的尺码。当所有顾客排成一条长龙，位于首位的顾客上前接受服务，当顾客的位置不断前进时，他可以通过观察脚下的距离来判断什么时间会轮到自己。需要注意的是，一些实体店会开设多个队伍，以提高服务效率，但是，多个队伍容易激发等待过程中的焦虑。比如，一个队伍的进度快，另一个队伍的进度慢，两者一对比，身处进度慢的队伍的顾客会变得更加烦躁。因此，如果实体店服务的窗口较多，同样也要设置单个队伍，只不过需要将服务人数从一次一位变更为一次多位，从而减少对比带来的心理差距。

◎ 增值服务

如果实体店中排的队伍比较长，就可以为等待区的顾客提供增值服务来消除他们的怨气，比如在排队等待区放置一些小零食等。在一些等待时间较长的情况下，店员可向排队的顾客进行解释，让顾客了解目前服务进度缓慢的原因，有助于消除顾客内心的怨气。

◎ 丰富顾客的等待过程

无所事事是顾客感到无聊的原因之一，因此需要为顾客提供一个舒适的等待环境以及可供消遣的娱乐项目。比如，很多实体店会在店中专门设立一个等待区，为顾客提供座椅和一些最近的报纸和杂志，或者在店中安装大屏幕，播放电视剧、电影和综艺节目等，如此，顾客在等待期间会被这些内容分散注意力，从而降低等待的枯燥感。如果条件允许的话，可以像海底捞一样，提供一些更具体验感的项目，如美甲、娃娃机等参与感十足的内容。

◎ 减少空闲人员流动

当实体店内出现排队的情况，证明当下实体店的工作十分繁忙，当顾客眼中的每一个店员都在认真工作，他们的内心会相对平静一些，理解排队行为。如果顾客在排队时，周围一些员工处于空闲状态，就很容易使顾客感到不耐烦。因此，不参与顾客服务的员工尽量不要出现在顾客的视线中，以免对顾客的等待体验造成影响。

事实证明，站在顾客的角度拟定等待阶段的服务内容有助于提升顾客的体验，减少顾客对等待的不满，同时也能给顾客留下好印象。

第六章

化解异议,让成交率暴涨

顾客犹豫不决时，怎么办

年轻的店员总会有这种烦恼，不知道顾客什么时候会购买，他们总以为顾客会当天定夺，于是按照全部的流程向顾客讲解产品，结果导致推销员的工作量下降，在一些没有太大兴趣购买的顾客上浪费时间，顾客也因为店员的"热情"推销而闪躲。店员要学会看眼色行事，要看出哪些时候顾客是对产品感兴趣，哪些时候顾客对购买产品犹豫不决。拥有这项能力，可以提高推销员的工作效率，在推销时也懂得缓急轻重。

两位客人看了很久的冰箱，却迟迟没有购买。

顾客甲说："我感觉这款冰箱没有上一个款式新颖。"

顾客乙说："我们已经看了一天了，微波炉还没有买。"

顾客甲说："好纠结，感觉比来比去都差不多的样子。"

店员说："你们好好想一下，我去招待一下别人。"

"你们好好想一下，我去招待一下别人。"顾客已经有明显的购买欲望，店员就要及时引导对方，而不是把对方扔在一边不管。顾客已经说出"我们已经看了一天了，微波炉还没有买"和"好纠结，感觉比来比去都差不多的样子"，这就说明顾客想快点定夺此次购买的商品。

从顾客的话语中，我们就能够感知到对方是想买还是不想买，当这种情况发生后，店员正确的做法是在顾客不知道如何选择时，利用积极的态度拉顾客一把。店员应该这样说："先生，这款冰箱真的很不错，您觉得款式不够新颖，但是新颖的款式也许没多久就看腻了，这款就很耐看，性能也更好，是耐用型的。"

经过以上的例子，我们知道要想抓住准顾客，就要在顾客的一些行为举止上多加注意。根据顾客不经意的几句话、几个小动作，调整自己的话术和销售技巧，让打算当天购买产品的顾客快速成交。我们可以从以下几点来分析顾客当天是否有购买的决心。

◎ 关注顾客与朋友之间的对话

一些话顾客可能不会对店员说，但是会在选购商品时与朋友聊起来。所以，当店员看到顾客正在与朋友聊得很开心的时候，不要去做别的事情，应该注意听一听顾客对朋友的倾诉。比如，顾客在给自己的家人打电话定夺时，我们也要暗中注意一下他们谈话的内容。

◎ 注意顾客自身透露的信息

一些顾客很愿意主动与店员交流，这时候店员要积极配合，不要一副爱搭不理的样子，这会削弱顾客的购买情绪。有经验的店员会发现，那些会主动要求店员展示产品的顾客更有购买意向。这时候，店员再问出顾客的细节，比如："你想要什么颜色的产品？""什么性能的产品？"顾客会很乐意分享。店员根据顾客提供的信息来帮他们选产品，通常对方会选择当天购买。

◎ 顾客主动提出问题

想当天购买的顾客最关注的是产品的售后服务，他们会在不经意间问出："保修是多长时间？""什么时候能装修好？""送到外地需要几天能到？"这样的问题说明顾客已经在想购买后的事情了。

还有一种问题是，顾客比较在意销售中的折扣，最近有没有店庆活动、节假日活动等。这些问题说明了顾客近期想购买，并且会在意商品的优惠情况。

◎ 刺激顾客进行购买

店员在不知道顾客是否完全会购买的情况下，应主动出击。因为顾客不一定会二次进入我们的店铺，在第一次进入店铺的时候就要把想要购买东西的顾客拿下，让他们没有反悔的机会。

总结一下，店员在推荐产品时，不仅要对每一位顾客做到宾至如归的感觉，更重要的是看出哪些顾客是真正想要购买产品，哪些是完全没有兴趣的顾客。在之后的推销中做到一针见血的推销，减少不必要的时间，增加成交的概率。

顾客拒绝试用产品，怎么办

店员经常会遇到不愿意体验试用产品的顾客，有的顾客委婉拒绝店员的邀请，有些顾客直言自己不想试用，对产品不感兴趣或者嫌弃产品有很多人试用过。店员在遇到这种情况时应该怎么做才能改善顾客对试用产品的印象，这一点至关重要。如此不仅能改变顾客对试用产品的偏见，还能让顾客更好地了解产品。

店员："您想选购这系列的腮红吗？"

顾客："是的，不知道哪一款更能提升气色。"

店员："您看中的02色号就可以，您不妨在脸上试用一下，总比在手背上试用的效果要好。"

顾客："不用了。太多人用过了，我皮肤比较敏感。"

店员："哦，非常抱歉，这是试用品，我也没办法。"

店员的这句道歉也解决不了顾客拒绝试用的行为，不如想个办法让顾客觉得试用品并不脏。

正确的回应是："您可以放心，我们在让顾客试用前都会给顾客清洁好面部，当然您不试用就购买也是可以的。"

"如果您觉得和别人用一个试用产品存在卫生隐患的话，您可以选择只在手背上试色，回家后再用新买的产品上脸试色，当然我会为您准备湿巾进行消毒。"

想要打破顾客不愿意体验产品的顾虑，店员要从根本因素出发，发现顾客不想试用产品的根本原因，并用行动力和话术来解决这些问题。那么，大部分顾客顾虑试用的原因有哪些呢？

◎ 嫌弃试用商品脏乱

我们会看见许多专柜商店有各种各样的试用柜台，有些柜台很整齐，有些就不太一样，试用品被杂乱地摆放在试用展示柜前，第一次购买该产品的顾客肯定不会对这家店有好印象。

所以，店员除了要按时整理试用柜台，也要给顾客一个可以试用的信心，当着顾客的面清洁试用产品，让顾客感受到产品是被清理过的。每到一个购物高峰期结束，店员都要迅速整理好被弄乱的试用柜台，以便让下一个前来选购产品的顾客有想试用产品的动力。当顾客使用产品时，主动提出清洁，并备好干净的湿巾，并且给予顾客言语上的安慰和诱导。"放在包装里的商品和使用在身上的感受完全不同。" "您试用了之后才会知道哪款是真正适合您的。"

◎ 试用品数量少，货架摆放物品少

柜台物品的数量决定了顾客判断商店营业状态的一个标准，当一个试用柜台上没有几件商品，顾客也不会愿意去那里尝试。店员要注意柜台物品的摆放不能出现空缺或破损的状态，要让每一个顾客看到一个装满了试用品的试用柜台。

当一款产品由于卖得太火爆而没货时，店员可以用其他有货产品的试用装弥补空缺，即使有两个相同的试用品也是可以的。放满产品的柜台给顾客的感受是这家商店的销售氛围好，从而更加愿意去试用这里的产品。

当顾客发现两个相同产品放在试用品柜时，店员可以告知顾客："这款产品卖得很好，所以多放了几个试用品在这里。"有些顾客会因为从众心理而选择尝试一下。

◎ 店员休闲的状态让顾客抵触试用产品

有时候商场正处于顾客购物的低峰期，一些店员见到没有客人就开始懒散起来，或者聊天、发呆等。顾客在看见这种状态的店员时，不会自在地拿起试用装来试用。店员以这样的姿态来面对顾客，顾客会认为店员的状态是："懒得理你。"消极态度会影响顾客的判断力，直接导致顾客流失。正确做法是，即使店里只来了一位顾客，店员也要热情地与对方打招呼，"欢迎光临选购商品。"

总结一下，在店员的劝说下顾客还是不想试用产品，大多数状态不是害羞，而是在嫌弃商店的品质。店员要分清这两者之前的区别，店员在获得顾客拒绝自己邀请的信息后，及时发现自己的缺陷并补正。值得我们注意的是，在修补的过程中不要忘记用话术适当安慰顾客，通过与顾客对话，发现顾客真正的需求，并且及时进行推荐。

推荐产品被顾客拒绝，怎么办

店员在主动向顾客推荐产品时，总会遇到这样的情况，顾客看见店员推销的产品，立刻告知对方："我对你的产品没有兴趣。"面对这样尴尬的情况，店员该如何回应，有些店员选择放弃，继续向下一个人推荐；有些店员则选择继续疯狂地推销产品，把一些潜在顾客烦到不想再靠近这家商店一步。正确回应顾客的拒绝，是一位店员需要认真学习的事情。

店员："先生，您看一下这款手表后盖采用的是透底合成技术，上发条后可以走两天以上，而且采用了多种抛光工艺，能让这款手表在高温照射下不变色，保持……"

顾客："谢谢，我没兴趣。"

店员："那您需要什么呢？"

顾客："我自己看看就好。"

"那您需要什么呢？"当顾客拒绝店员的推荐，店员急于询问顾客需要什么，是不明智的决定。顾客只会认为这个店员急切地想向自己推销任何一款商品，不管自己喜欢不喜欢。正确的回应是建设性地抛出一些有趣的方案让顾客挑选。

"我们最新出的这款手表也很不错，而且全球限量200块，纯手工打造，您是在寻找这种款式吗？"抛出问题让顾客回答，而不是急不可耐地询问顾客想要什么。

顾客不感兴趣的产品店员也是可以推销的，我们可以从顾客的拒绝中寻找能让顾客反驳的观点，把顾客的眼光吸引过来。当然，我们也可以提供另一套方案让顾客自己挑选。不管哪一种方案，店员都要行动起来，让顾客知道你的存在，并且认为你的推销产品对自己很有用。

◎ 寻找顾客不感兴趣的原因

每个顾客拒绝店员的理由都是不一样的，尽管每一位顾客都说同样一句话："谢谢，我不感兴趣。"但是他们内心的想法是不同的，每个顾客的理由不一样："我不需要这款产品，我还有很多可以代替的商品使用。""我不喜欢这款产品，它太丑了。""我不喜欢这款产品，它太贵我负担不起。"分析顾客的真实想法，寻找突破口，他是因为什么对产品不感兴趣，了解顾客的现状，着重进行讲解和推荐。

◎ 提出有价值的问题

分析出顾客的真实想法后，提出能够帮助顾客解决问题的方案。比如，一位顾客想要更廉价的商品，店员就可以帮他寻找更加实惠的产品。当一位顾客想要更加彰显自己身份的商品，店员就要在话术中夸奖顾客，并且在话术中满足顾客的心理需求。面对不同的顾客要拿出不同的应对措施。

◎ 不要在意顾客的拒绝

顾客拒绝你时，不要太过在意，而是要在心里告诉自己还可以继续推销产品。当顾客拒绝你时，店员可以这样回应顾客："真的像您说的那样吗？""看来您在这方面很在行啊！"尽量找一些能够借助顾客话题的点进行交流，同时向顾客提出一些建议，"先生，刚才您说的确实很对，但是不要忘记这次促销是很难得的机会。""购买这款产品不需要花费太多，却能在生活上为您提供诸多便利。"

◎ 权威反驳

有时候，店员顺着顾客反而不会得到相应的回报，但是当店员开始反驳顾客时，顾客却能够认真听下去。"您一定是理解错了，这种才是最适合冬天携带的。"反驳下来，没有十足把握的顾客会心虚地看向店员，并且认真地听对方讲解产品。当顾客认为产品好时，就是成交的时刻。

◎ 举证其他顾客的使用感受

当顾客对一件产品着实不相信，并且表现出不感兴趣的样子。店员可以利用真实的例子来回应顾客，让顾客信服。比如，在顾客认为这件商品不能为自己获得更多利益的时候，店员说出一个真实的例子来回应顾客，让顾客认为这样的使用感受是存在的。

◎ 转移话题

当顾客以各种理由回绝你时，店员应该换一种话题反问顾客。需要注意的是，话题不要扯太远，要转到销售商品上来。

总结一下，店员在销售中了解顾客的心理，在销售时就能获得更多的机会。当顾客拒绝你，对你的产品不感兴趣也不要慌张，这时，店员更应该找准突击点去反驳顾客，让顾客对产品感兴趣。

顾客有意刁难，怎么办

店员会遇到这样的顾客，商品明明没有任何毛病，顾客非要找出一些毛病来故意刁难店员，让店员下不来台。当然，对于店员来说，此时受到了委屈，内心是非常愤怒的，即便遇到了刁难，我们也要冷静面对。

王先生在一家家电市场买了一台55英寸的彩色液晶电视机，第二天他又来到了这个市场。

王先生："你好，昨天我在你们这儿买了一台电视机，明明在你们这儿看的时候非常清晰，你也说这是超高清屏幕，为什么我回去看的时候就不清晰了呢？"

店员："先生，我们在店里面用的是超高清视频资料，家里面一般都是网络电视，视频源质量达不到那么高的质量，所以才会出现不是很清晰的情况。"

王先生："胡说，你们分明是在误导消费者，我要投诉你们。"

店员："您这是不讲道理，故意刁难人。"

很多顾客由于知识和观点的不同，往往会感觉只要是店员说的跟自己理解的不同，就是店员的错。当店员给出合理的解释后，他们依旧不认可，反而更加生气时，店员要保持冷静，不要冲动，面对这样的顾客，不可硬着来。不能说："这根本不算什么问题，您这是不讲道理，故意刁难人。""昨天已经给您演示了，确实不是我们的问题。"或者说："您说的这种情况不属于质量问题，我们不负责。"

店员应该这样说："真的不好意思，昨天没有跟您解释清楚，虽然这台电视支持超高清，但是需要与之匹配的超高清视频源，这样才能发挥效果。""先生，您先不要着急，我这就给您演示一下，这种情况是怎么回事，您稍微等一下。"

如果店员遇到顾客刁难，先不要着急、冲动，而是要找到方法，让顾客不再故意刁难，说出自己的问题，然后耐心为其解答。

◎ 认真聆听，不反驳

聆听是对别人最好的尊重，当顾客无理取闹时，往往希望表现自己，这时，店员只需认真地聆听即可。顾客发一会儿脾气后，很快就会收敛起来，这样就能在较短的时间内平复顾客的心。接下来，再把顾客的问题合理地解决一下，顾客也就不会进行投诉了。

◎ 中和法

所谓的中和法就是，当顾客说出了不合理的问题时，不要第一时间去反驳他，而是先赞美他。比如，"您的眼光非常独到，看到了我们没有看到的问题。"然后再进行转折，"但是您说的也不一定是对的"，并解释原因。最后再说："这样吧，可以把咱们两个的想法中和一下，您觉得如何？"

◎ 反问法

顾客刁难店员往往会以提问的方法进行，这时就需要店员不断地回答问题，只要店员回答不上来，顾客就会以此为借口，不断地刁难店员。此时，店员不妨试一试反问法，从问题的根本切入，让顾客回答，然后，不断地用道理和事实说服顾客，顾客自然也就没有再次刁难的理由了。

比如，顾客说："昨天你说这款手机是防水的，结果我放在水里一晚上，今天就不能使用了？"店员可以这样回答："让您一晚上不睡觉，第二天会不会瞌睡呢？"顾客："当然会了。"店员："同样，这款手机的防水时间也是有一定限度的，超过两个小时就不行了。"

通过这样简单的反问法，不仅用生活中的简单案例说出了问题的关键，还让顾客不能继续提问下去，这样顾客在道理面前，也不可能再有什么话说了。

总之，作为店员，要把顾客放在第一位。即使受到顾客的故意刁难，也不要跟顾客起争执，而是要冷静面对，淡定处理。

顾客购买后情绪不满，怎么办

很多顾客在与店员交流的过程中，认可了店员对于商品的介绍和售后服务的保证，于是，决定下单购买。但是，当顾客付款以后，往往又会对商品的质量和售后保障产生怀疑。在这种情况下，顾客就会表现出强烈的不满情绪。面对顾客的这种情绪，店员应该怎样合理、有效地处理呢？

杨晓宇喜欢骑行。最近，他准备换一辆新自行车，于是便来到一家卖山地自行车的店。

店员："先生，您好！"

杨晓宇："你好，我第一次接触山地车，你能不能给我推荐一款性价比比较高的车。"

店员："您看看这一款。这一款是今年刚上市的，款式新颖，价格也比较便宜，外观时尚，非常适合您。"

杨晓宇："嗯，我看这一款车不错。但是，如果车子出了问题，该怎么办？"

店员："放心吧，您这款车保修半年，并且有问题的话，您来店里，我们帮您维修。"

杨晓宇："好吧，我这就去结账。"

店员:"先生,您这边请。"

杨晓宇:"我刚才又骑上去感觉了一下,感觉质量不怎么好呢!怎么才保修半年,不应该是一年吗?"

店员:"如果您觉得车子不好的话,您可以不要,都付款了,您还抱怨这个抱怨那个的。"

有很多顾客在购买商品时会非常谨慎小心。这是因为现在的假货越来越多,并且越来越难以辨别真伪。因此,顾客才会变得格外小心。对于顾客的这种担心,店员也应该清楚。即便顾客付了款,他们还是会不放心。甚至是更加不放心,因为当顾客真正感受到商品时,就会有更深的感受。

此时,店员可以这么说:"放心吧,我们销售的商品是正规品牌,一般都是没有问题的,如果有问题的话,您可以直接来找我们。"也可以说:"您拿好您的发票,有什么问题直接拿着它来店里就行。"还可以说:"这是我的名片,您拿着,有什么问题,您可以随时给我打电话。"

对于大多数顾客来说,购买之后还表现出不满,往往是受心理作用的影响。对于店员来说,对顾客的承诺都是店铺的规定,对商品的介绍也是实事求是。因此,店员在顾客购买商品以后,应及时打消顾客的各种顾虑,以免产生不必要的麻烦。

◎ 给顾客适当的实惠

对一些顾客来说,在付款之后表现出不满的情绪,往往是因为对于付款的价格过高引起的。他们会觉得虽然店员通过努力说服他们下定决心购买,但自己还是觉得买的东西不值。心里总是感觉有点不舒服,甚至想要放弃购买,只是碍于面子没有说出口。

此时,店员要明白顾客的这一层意思,当看到顾客脸上表现出不满时，应及时给予顾客一定的优惠。比如说："为了答谢您对我们产品的认可，送您一个大礼包。"顾客虽然对于价格表现出了不满，但店员进一步作出让步，送给顾客一个大礼包，顾客内心是欣慰和高兴的，也就不会再有所抱怨了。

◎ 给顾客吃"定心丸"

顾客付款后表现出不满，是顾客依然对商品不放心。对商品的质量和服务不认可是主要的原因，此时的店员就要给顾客吃"定心丸"。所谓的"定心丸"就是下保证，拿出以前的售后服务记录和顾客回访记录，让顾客看。当顾客看到这些后，自然会放心。对商品和服务放心，顾客就没有了任何顾虑。

总之，如果顾客在付款之后表现出不满情绪时，店员不要着急，并说出一些对顾客不友好的话。抓住顾客的心态，及时给予顾客实惠，或者是给顾客吃"定心丸"，让顾客无后顾之忧。

顾客不满投诉，怎么办

在实体店经营过程中，遭遇顾客投诉的情况在所难免，这就意味着每一位实体店的员工都要学会合理处理顾客的投诉，如此才能使店铺拥有一个良好的经营状态。

一位顾客在实体店购买了一台热水器，但在使用过程中出现了漏水的情况，顾客表示由于自己长期出差，卫生间大量积水，致使楼下住户家被渗水浸泡，因此要求实体店作出相应的赔偿。经调查，顾客反映的情况属实，在双方的协商下，由店铺赔付给顾客8 000元经济补偿。

在事件处理过程中，该实体店的负责人始终保持积极的态度。当顾客进店阐明事件原委后，负责人立刻致歉，并对顾客的情绪进行安抚，还安排相关人员前往顾客家中了解情况。当情况基本落实清楚后，负责人又紧急联系了热水器厂家对漏水问题进行协商，提出了一份令顾客满意的解决方案。

一般来说，当顾客前来投诉时，大多数情况是自身利益遭受了侵害，而投诉的目的也只是为了挽回自身损失。在实际生活中，一些顾客投诉之所以难以调解，主要原因并非事件本身，而是实体店负责人对于投诉的态度和解决方式，回避、拖沓等行为往往会激化矛盾，将一件小事变得难以处理。

在实体店经营过程中，实体店负责人该如何处理顾客投诉，才能稳固店铺口碑、消除差评呢？

◎ 快速"灭火"

稳定顾客的情绪是处理投诉最关键的一环。当顾客的情绪比较激动时，他是很难听进去任何解释的，即便店铺负责人并没有推卸责任的意思，一些无法立即使顾客满意的答复也会让对方认为店家是在急于撇清关系。因此，在提出解决方案之前，一定要让顾客发泄出心中的不满。

比如，无论事件对错，店铺负责人一定要率先致歉，并为其提供一杯咖啡或热水，对顾客的情绪表示理解。

◎ 抓住问题的关键

顾客在阐述事件原委时，由于受到情绪的影响，一般会讲一大堆话，我们首先要抓住投诉问题的关键，也就是顾客最希望解决的点。比如，在热水器出现漏水情况后，更换热水器是必然，在这个基础之上，顾客更关心的是由于热水器漏水给自己造成的损失。因此，主动表明赔偿的意向或者对后续顾客提出的赔偿做好心理准备，都有利于进一步的协商。

◎ 态度积极主动

处理投诉的态度是影响双方协商最大的因素，任何带有回避性质的行为都会增加后续处理的难度。比如，顾客进店投诉，普通店员表示"我不知道""不是我负责的"，店铺负责人表示"这件事需要老板处理，我的权限不够，等老板回来的时候您再来吧"等，虽然有时候事实确实如此，但这种行为无法展现店铺对于投诉事件的重视以及对顾客的尊重。因此，当店铺接待人员不了解情况或者权限不够时，也要及时安抚顾客的情绪，并联系相关人员，如果能够处理该事件的人员不在店中，也要给予顾客一个准确的处理时间，而且越快越好。

◎ 选择问题处理场所

当顾客进店后，如果情绪比较平静且只是一些退换商品的情况，可直接在店中处理，一方面能够展现店铺对于顾客的重视和尊重，另一方面也能够让其他顾客感受到店铺的大气，增加好感度。

当顾客进店后，情绪较为激动，或者投诉的事件较为严重，可将对方请到办公室等私密场所进行处理，以免双方较为激烈的沟通情况引起周围顾客的注意，对店铺的风评造成不利影响，同时，也能有效避免降低其他顾客的购物体验。

◎ 投诉问题澄清

当顾客气势汹汹地进店投诉时，如果问题出在顾客身上，我们也应承受这种怒火，而不是反击。要耐心地解释问题，同时也给顾客一个台阶下，以免让对方感到尴尬，以至于因面子问题而不再进店消费，比如将过错揽到自己身上。由于顾客操作不当出现的问题，我们可以表示："不好意思，您购买的时候忘记提醒您安装的注意事项了。"

◎ 处理结束的致歉

当投诉情况得以完美解决后，再次向顾客表达歉意，表示对方的投诉是在帮助自家店铺改进提升，是希望我们的产品和服务越来越好，让对方感到是他成就了我们。

顾客投诉处理是实体店经营过程中必需的一项技能，正所谓"好事不出门，坏事传千里"，合理地处理顾客的投诉，能够有效稳固店铺的口碑，有利于长期发展。

顾客较真儿时，怎么办

很多顾客在投诉过程中会带有很大的情绪。在跟店员沟通的过程中，他们会说出很多难听，甚至是骂人的话。但是大多数顾客的情绪会被店员耐心、真诚的服务打消，但仍会有一些顾客会继续无理取闹，并威胁店员说"不解决问题就不离开"。

何强在一家超市买了一套刀具，回家拆开使用的过程中，他发现根本就不锋利。于是，他拿着刀具找到了超市。

店员："先生，欢迎光临，有什么可以帮您的吗？"

何强："昨天在你们这里买了一套刀具，回家使用时却不好用，你们怎么解释？"

店员："先生，我们卖的刀具都是不开刀刃的，顾客买回去可以根据自己的实际情况在磨刀石上打磨就可以了。"

何强："这是你们的借口，这刀具分明是假的，我要退货。"

店员："您拆开了是退不了的。"

店员这样说的话会深深地刺激顾客，尽管有时确实是他们自己的使用方法问题，但是对于顾客来说，面子是非常重要的。即使是他们错了，并且明白自己错了，也会死要面子，不肯承认。

此时，店员可以说："您说得很对，是我们考虑得不周到，回家后您磨一下刀，这样应该就可以了。""昨天确实是没有告诉您这个问题，是我的过失，我诚挚地向您道歉。这一款刀具都是这样的，是厂家这样设计的，我们也没办法改变，给您造成的麻烦，请您多担待。"

店员在面对顾客的质疑时，不能被他们那种咄咄逼人的态势吓倒，当然也不能因此跟顾客发生口角。那么，作为店员应该如何应对这种情况呢？

◎ 保持冷静，仔细聆听顾客的发泄

很多顾客投诉多是为了发泄心中的不满。他们觉得这次购物给自己造成了不快。

此时，店员应保持冷静，面带微笑，仔细聆听顾客的意见。等到顾客把负面情绪发泄完之后，店员再向顾客解释一下原因，如此才能化解问题，从而让顾客满意地离开。

◎ 转交给领导

有很小一部分顾客，根本听不进店员的耐心解释和道歉，吵嚷着非要叫领导来处理。在这种情况之下，如果店员不想麻烦领导，仍旧和顾客讲道理的话，并不能够解决问题，甚至会把问题变得更加糟糕。

这时，店员可以把领导找来，让领导来处理。领导的能力大都比店员强，对于这种顾客也见得多，能够快速处理。店员可以腾出来精力去接待其他顾客。

总的来说，店员在面对难缠的顾客时要拿出自己的智慧，用和平的方式解决。实在没有办法自己解决时，店员可以向领导寻求帮助。

顾客说太贵了，怎么办

很多店员会遇到这种情况，跟顾客谈得好好的，顾客也很满意商品，但就是嫌价格太高了。那么当店员听到后，应该如何应对呢？

店员："欢迎光临，有什么可以帮您吗？"

顾客："我想买一个墨镜，可以帮忙推荐一下吗？"

店员："跟我来，您看这一款怎么样？"

顾客："好的，就要这一款了，多少钱？"

店员："1500元。"

顾客："你们店怎么卖得这么贵啊？"

店员："我们家卖的这个牌子是名牌，所以比较贵。"

顾客："能不能便宜一点？"

店员："价格是我们老板定的，我也没办法随便改价。"

店员如果说："价格是我们老板定的，我也没办法随便改价。"这样的回答，显然是没有回旋的余地。

大多数顾客之所以会说出"这件商品太贵了"这句话，十有八九是想讨价还价，尽量压低价格，然后购买。

如果此时店员迫于顾客的压力，说："您先别急，您要是真心想买的话，我可以给您降价。"这样的话一说出口，正好落入了顾客的"圈套"，其实顾客就是在等这一句话。当顾客听到这样一句话后，就明白价格肯定是有商量的余地，而且商量的余地还是比较大的。

利用这个弱点，顾客就会再一次压价。顾客会说："你看你能给我降多少？"如果店员说："最低××。"这时，顾客就会继续压价说："刚才还说你能够给我便宜一些，现在便宜这么一点，根本就没便宜多少？再便宜一点，我就要了。"

在这种情况下，店员就是自己给自己出难题，到底降多少呢？并且一旦说不好，顾客立马会翻脸说："我也不在乎你给我便宜的这点钱，你这样的态度我实在是接受不了。"说完，拍拍屁股走人了。

本来是想要成交的，结果不但没有达到目的，反而得罪了顾客，这就有点得不偿失了。那么，对于那些说太贵了的顾客，我们应该如何应付呢？

◎ 讲明定价的原因

顾客不断要求降价时，往往是对定价产生了怀疑，觉得定价定得高了。要想稳住顾客，就需要让他们明白定价的组成。比如，我们这台电磁炉的定价之所以是399元，是因为我们的进价是299元，加上运输费、店铺费以及服务费用，差不多是350元，所以我们的利润也就50元左右，真的没办法再便宜了。

让顾客真正明白定价的组成，他们才会衡量压价的范围，以及店员给出的降价区间，这样就形成了一定的共识。

◎ 将价格问题转移到产品本身

大多数顾客在看到商品的时候，总会说太贵，目的就是感觉商品不值这个价格。那么，对于店员来说，任务就是让顾客明白商品这么贵是值的，这样顾客就会接受"高价格"了。

顾客要买一件漂亮的晚礼服,但是一看到价格,直接就对店员说太贵了。这时,店员首先要分析顾客的需求,买晚礼服肯定是去参加宴会的,因此,对于晚礼服的需求是迫切和必要的。接着,店员可以对顾客说:"这件晚礼服是著名设计师设计的,用的材料也非常好,非常适合您的气质。您穿上这件晚礼服,能够充分衬托出您高贵美丽的气质。"

然后,店员可拿着展示图片让顾客看效果,并且说某某明星参加晚宴时穿的就是这一款,随后引导顾客可以穿上试试。

尽管商品确实有点贵,但如果顾客觉得花得值的话,也会成交的。

◎ 将价格问题转移到服务上

很多人喜欢买大品牌的产品,看重的就是服务好。服务是顾客购买商品的重要理由之一,这在很大程度上决定着用户的体验。让顾客的体验越好,顾客才越愿意购买。

当通过多种途径尝试后,顾客还是纠结于价格问题时,店员便可以将问题引导到服务上来。比如,顾客说:"就不能再降一点吗?可以的话,我立马付款。"店员就可以这么说:"您知道别家这款产品的保修期吗?"顾客说:"不是太清楚,应该是一年吧。"店员说:"我们这款产品是两年。您试想一下,如果在第二年时它坏了,还不能保修,你省这一点优惠的钱能修好吗?所以,这么算下来您一点都不亏!"

在这样的询问之下,就很好地将顾客的注意力转移到服务上来了。良好的服务,对于顾客来说诱惑力更大,因此,这是"一击必杀"的绝招。

◎ 刺激对比法

当顾客对产品很满意,就是感觉价格有点贵,表达出只要价格稍微降一点价,就买的意思。这时,店员可以这么说:"您可以看一下这件衣服,虽然没有您想要的那一件质量好,但它的价格会便宜一些。"

当顾客对比了两件衣服的差异后，就会意识到一分价钱一分货的道理，从而心甘情愿地买了贵的那件衣服。

总的来说，当顾客想要店员把价格降低一点时，店员不要直接拒绝顾客而是要顺着顾客的意思来，巧妙委婉地拒绝顾客，再利用心理战术，让其接受定价，购买产品。

老顾客要求优惠，怎么办

有一部分顾客为了得到更优惠的价格，往往会选择冒充老顾客的方法。因为老顾客对于店员来说非常重要，正是由于这部分人稳定的购买，才保证了销量。因此，千万不能随便就把他们给得罪了。

店员："欢迎光临，先生需要哪一款茶叶？"

顾客："一直都是那一款，我是老顾客了。"

店员："好的，给您。"

顾客："怎么涨价了？"

店员："哦，先生最近茶叶市场供求紧张，都涨价了。"

顾客："你看我都是老顾客了，能不能还按照原来的价钱给我？"

店员："因为您是本店的老顾客，所以每次给您的都是最低价。"

老顾客再次光顾本店，不但是对商品有需求，更是对店铺的信任。信任的产生需要很长时间的积累，也就是让新顾客变为老顾客需要很长的时间。而店员靠的就是稳定的盈利，老顾客的重要性自然是不言而喻的。

此时，店员可以说："真的是不好意思，这次店里面没有活动，下次一有活动，我就给您留一份。您看好不好。""您是老顾客了，感谢您一直对我们商品的信任。相信您也感受到我们商品的质量和我们的信誉了。市场供求紧张才会导致价格上涨，这只是一时的，相信很快就会降下来的。到那时可以给您适当降低价格，你看如何？"或者说："这次到的茶叶非常新鲜，口感一定比您平时喝的要好一些。您如果嫌贵，这次可以先少买一点尝尝，这款茶叶很受客户们的喜欢，卖得很快。"

◎ 实战指导

老顾客相对于新顾客来说，对于商品的质量和认可度都是比较高的。因此，他们的购买力是比较大的。而新顾客由于对商品不是太了解，所以会抱着试一试的态度，其购买力相对也较小。而且老顾客的口碑营销能力明显比新顾客强。

另外，任何时候，如新货上架、促销等，老顾客都会毫不犹豫地购买。由此可见，老顾客的作用不容小觑。

那么，当老顾客想要优惠时，店员应该怎样应对呢？

◎ 表示感谢

很多时候，对于老顾客说优惠点时，其真实的目的并不是真的是贪图那一点小便宜，而是想试探一下对店家的态度，老顾客认为既然自己常来买，希望会被特殊对待。

这时，作为店员要清楚老顾客的这种心理，特殊对待他们，说一些感谢的话。比如，"感谢您长久以来对于我们的支持，同时我们也准备了针对老顾客的特殊优惠政策——积分卡。"

◎ 讲明实情，请求原谅

信任是建立在互相了解和诉说的基础之上的，想要取得老顾客的信任，让他们明白不是不给他们优惠，实在是没办法。这就需要讲明实情，敞开心扉。比如，"我们非常重视老顾客，因此需要让您知道实情。不是我们不给您优惠，只是现在供货紧张，再加上市场竞争实在是太激烈了，您买的这款商品太紧俏了，真的没办法降价。"

在真正明白没有办法优惠的实情以后，相信老顾客会理解店铺的难处。

◎ 转移注意力

当老顾客把精力都放在价格上时，不妨试着转移他的注意力。说一下商品的质量和销售情况。比如，"您是老顾客了，应该对这款商品的质量有所了解吧？况且这次到货数量并不多。昨天一天就卖了一半了，估计明天就全卖完了。"

在听到这话以后，老顾客的注意力就会瞬间被转移。他开始担心自己今天不买的话，明天就没货了。如此，通过转移注意力，轻松达到让顾客接受当前价格的目的。

总之，重视老顾客是非常重要的。不要忽视老顾客，而要用真诚和智慧说服他们，让他们成为店铺销量的保证。

顾客说钱没带够，怎么办

店员经过耐心的介绍和解答顾客的问题以后，帮助顾客选择好了产品，顾客也表现得非常满意。但到顾客结账时却发生了一个意外状况。顾客说："今天出来的比较急，钱没有带够，怎么办？"

店员："先生，这款皮带是我们刚从新西兰进口的，昨天刚刚到货。您看一下适合吗？"

顾客："这一款的做工看起来非常精致，设计也不错。行，我就要这一款了。"

店员："好的，先生，您这边请，我带您去收银台。"

顾客："呀，实在不好意思，我今天忘带手机了，现金带的也不够。"

店员："那您回家拿好钱再来吧！"

顾客说"钱没有带够"绝大多数就是一个托词，并不是真的，其真实的目的是想要店员给自己降价，花更少的钱，买更好的东西。

既然店员已经明白了，顾客说"钱没有带够"只是一个托词，那么就不应该再故意为难或者不给顾客降价。因为这样做，非但不能起到应有的效果，反而会打消顾客购买的欲望。

此时，店员可以说："先生，您可以先交一部分钱作为定金，然后再回去拿钱，把尾款付清即可。""先生，我们可以为您提供货到付款服务。"

因此，不要麻烦和怀疑顾客，换一种方式回答和处理，就能够达到相同的效果，为什么不试一试呢？

◎ 货到付款法

无论顾客是真的没有带够钱，还是想让店员给他降价，店员都可以跟顾客说："我们是可以提供货到付款的，我可以拿着产品跟您一起回去的。"当店员说出这样的话时，顾客心里就要思量到底要不要店员这样做。

如果顾客说出自己的真实意图是想要让店员降价，显然会让自己没面子；而让店员跟着自己回家一趟，既麻烦又浪费时间，这样做也毫无意义。

在这种心理作用下，顾客往往会选择不让店员跟自己回家。如果价格实在是超出顾客期望的太多，顾客自然会选择放弃购买。同样，在这种情况下，即使店员再压低价格也无法满足顾客的需求，因此也没必要这么做。

还有一种情况是顾客直接选择够买，为自己找托词。比如，顾客会说："旁边就是我朋友的店，我去问他借一下钱，一会儿再回来买。"

◎ 押金法

当顾客说："我带的钱不够。"这时，店员可以说："您可以先押一部分钱，等您把钱取来后，再付清尾款。"这样的回答合情合理，顾客是没有办法直接予以反驳的。当然还是有一部分顾客会找到这句话的漏洞。顾客会说："这太麻烦了，跑回去，再跑来，直接给我优惠点不就完了吗，多简单的事。"

这样就把难题又重新交给了店员，对此，首先，店员需要思考一下，看顾客带的钱跟产品的价格相差大不大，如果不是很大，直接卖给顾客一个人情。店员给顾客一个面子，也给他一个台阶下："既然价格也没差多少，今天就特例给您吧。"店员这样做，双方皆大欢喜，顺利成交。

如果数额相差太大的话，店员可以这样说："我们店铺这边的交通特别方便，您来回一趟也就一会儿工夫，我们可以等您。"店员这样说后，顾客就明白了，价格是降不了了，可能就会选择直接购买了。

总的来说，店员要准确判断出顾客的想法，不要只是不加思考地听顾客怎么说，然后机械地回答，而是要通过巧妙的方法，跟顾客沟通，把握好价格，既满足顾客的需要，同时也不损害自己的利益。

第七章
利用新媒体营销,实现盈利倍增

实体店+小程序，社区团购正火爆

小程序，是一种无须下载即可使用且不占内存的手机应用。随着互联网营销概念的普及，越来越多的实体企业开始利用小程序进行引流营销，尤其是在疫情反复的大环境下，小程序俨然成了很多实体店最佳的自救手段。

疫情来临，实体行业受到了很大的冲击，餐饮业更是首当其冲。而眉州东坡却成功将这场危机化为机遇，利用小程序开创了全新的商业模式，完成了疫情期间的自救。眉州东坡是一家颇具影响力的餐饮企业，突如其来的疫情使该店春节前夕的一万多张预定桌被退，数千万的蔬菜、肉类只能积压在仓库中，每月面临着巨额的亏损。为了摆脱困境，眉州东坡瞅准了小程序的营销力量，以"便民菜站+小程序"等一系列措施，获得了两个月营收8 000万元的效果。

眉州东坡率先启动了"便民平价菜店"，在自家店铺平价出售库存中积压的瓜果、蔬菜、生鲜等产品，并上线了菜站小程序，将蔬菜、主食以及各种调味和方便食品统统上架，以社区团购的形式将新鲜食材送往顾客的小区门口。随着小程序的引流，眉州东坡的"菜店"被越来越多的人熟知，于是，眉州东坡将"菜店"入驻各大超市，创建了"眉州东坡商超mini店"，从而使眉州东坡的影响力得到进一步的提升。

小程序之所以是实体店线上营销的首选,得益于它的四大优势:广泛的受众。微信小程序自上线以来,日活跃用户高达4亿,服务范围覆盖到各行各业。据相关资料显示,小程序70%的用户每个月都会在小程序上消费,在消费类别中服装类占比最高,食品、日用品、交通等方面也高于其他类别。

简单易操作。小程序无须下载,不占内存,用户只需要扫码或在微信中搜索即可打开小程序,避免了传统的手机应用复杂的操作步骤。当用户使用小程序后,该小程序将预留在微信的下拉选项中,当用户再次需要时,无须搜索或等待,下拉微信聊天框即可进入小程序。此外,小程序的页面十分干净,没有传统手机应用的页面广告问题,能够提供更良好的用户体验。

功能丰富。小程序虽然不占内存,但功能异常丰富,可适用于全行业的实体店家。比如,附近功能,通过开放定位让消费者了解店铺位置;拼团、优惠券、会员卡等功能实现线上线下结合营销等。同时,小程序背靠微信,支持选购到支付的全过程,无须再点开多余的界面。

成本低。小程序开发的门槛要远远低于传统手机应用,其开发成本和周期甚至不到其他手机应用的一半。后续的调整和改良工作也十分简单,让实体店有更多的试错机会。

那么,实体店该如何利用小程序进行营销呢?

◎ 页面设计

小程序的页面设计讲究精准、简洁,突出重点,给用户一种良好的视觉体验。因此,需要在设计时需尽量较少用户的操作步骤。可以参考微信的页面布局,将小程序商场分成四个板块,如"主页""拼团""会员""我"。其中,"主页"用于展示实体店的各类商品;"拼团"则是利于用户消费的各种活动;"会员"是有助于顾客留存的活动,顾客可在该板块查阅关于会员的相关信息；"我"则是用户的基本信息。四个板块流畅切换，无须再加载其他页面。

◎ 直观的名称

小程序商城的名称会影响推荐排名和推广效果，因此，小程序的名称设计一定要慎重。主要遵从两个原则。

第一，简单易懂。让用户一眼就能知晓小程序商场在售卖哪些商品，如鲜丰水果、牛肉火锅等，切勿单一使用过于花哨的名称，如"爱尚""饭团爱团"等。

第二，与线下店铺保持一致。小程序商场的名称与线下的实体店保持一致，能够提高线上线下店铺的相关性，从而使顾客不容易流失。

◎ 引流获客

小程序的引流获客主要依托微信平台，主要有以下三个渠道。

第一，将自家顾客引流到线上，在店铺的包装袋或收银台处张贴小程序码，扫码下单可获得优惠。

第二，自我导流。开放小程序附近功能，让店铺周边5公里的用户都能够见到，或者在自己的公众号、微信群、微信朋友圈中分享小程序，提升曝光度。

第三，付费导流。与其他的公众号、小程序、短视频账号进行合作，通过付费的方式从其他自媒体平台进行引流。

◎ 小程序常规运营玩法

小程序的玩法主要有两种。

第一种，限时秒杀。不定期推出限时限量秒杀活动，刺激用户消费。比如，水果店可于每天中午12点进行一场水果秒杀活动，限时、限量、低价，在吸引更多用户关注的同时，还能调动顾客参与的积极性。

第二种，拼团。拼团是提升效率最有效的玩法，低于标价的拼团价和各种拼团玩法，能够吸引用户邀请亲朋好友一些参与活动。此外，也可以以社区、公司等为单位进行拼团配送。

小程序的营销活动最好结合线下店铺，支持配送的同时，鼓励到店自提，将线上的流量成功引流到线下，带动实体店内其他商品的销售。

实体店+微信群，打造自己的私域流量池

新零售的出现为传统行业带来了一条全新的营销道路，它将传统的实体店结合互联网来进行营销，改变了等客上门的模式，如此便有效解决了实体店顾客越来越少、促销效果越来越差的问题。在互联网营销的玩法中，微信群无疑是最高效、易操作的一种。

一家线下的美容店，利用微信群实现了业绩的快速增长。每一位进店的顾客都能够通过添加店长微信获得两份面膜以及美容院服务的优惠价格。店长账号每天都会通过朋友圈分享美容案例，同时向所有顾客展示自己美容店的日常工作，让顾客心生亲近感。此外，美容院还建立了一个会员顾客群，经常在群内分享一些美容小秘诀，美容服务预定以及各种团购价，使顾客不再为价格而犹豫。一番操作下来，该店不仅在短时间内积累了5 000多个顾客资源，还实现了业绩增长。

微信群对于实体店的价值在于，一方面，让店铺和商品离顾客更近，以最低的成本实现了产品曝光；另一方面，每一次曝光和沟通都能提升顾客对店铺的信任，从而提高消费的概率。这也是私域流量独有的免费、高自由度、高频率的用户触达优势。

反观传统的经营模式，店铺的口碑以及所处位置是影响顾客进店的主要因素，即顾客倾向于在自己最舒适的活动区域内选择口碑最好的一家店

铺进行消费，但互联网的发展使信息的传播速度和范围得到了大幅提升，使顾客获得了更多的选择，这就导致很多实体店出现了客流量减少、顾客复购率低等问题。而想要摆脱这一困境，就需要利用微信群打造一个自己的私域流量池，加强双方之间的联系。

那么，实体店该如何利用微信群来打造自己的私域流量池呢？

◎ 多渠道引流

实体店不缺线下流量，我们所需要做的是筛选、邀请，将优质的线下顾客引流到线上，建立一个初级的社群。常用方法有三种。第一，扫码入群。店员向进店的顾客介绍自己的社群并发出邀请，有入群意向的顾客就会接受邀请。二维码一般摆放在收银台、餐桌、门口海报、店铺的包装袋等顾客容易接触到的位置。第二，由店员邀请自己在以往工作中挖掘的忠实顾客入群。第三，由顾客推荐入群。这三种邀请方式都具有一定的筛选作用，所有被邀请进群的顾客都是认可店铺的商品和服务，且容易出现复购行为的顾客。切勿在引流的过程中采用单纯的利诱方式，比如微信群中不定时有红包、抽奖等活动，以免顾客只是因利益入群，而无法实现有效转化。

◎ 微信群运营

微信群运营主要针对四个方面。

1. 用户管理部分，包括设计与店铺相关的群名称、入群欢迎语、群公告，并在顾客进群后明确社群规则，避免微信群的活跃度太低变成死群或者点赞群、砍价群等。

2. 内容编辑部分，一般为群内输出内容和朋友圈输出内容，可以是日常的早晚安问候语，也可以是"图文+案例+科普"的产品推荐，又或者某个行业的专业知识。每天以3~5条为佳，其中日常内容为30%，产品推荐为60%，专业知识为10%。

3. 活动策划部分，微信群活动玩法多种多样，如拼团、内购券、晒单返现、抽奖、秒杀等，可根据实际情况进行设计。比如，策划一个爆款秒杀活动，选择一款大众接受度高的商品，原价尽量高于市场价，定价一定要低于用户预期，并限时限量，以营造秒杀的气氛等。

4. 数据分析部分，通过举办的活动分析出活动最佳的分布时间、吸引力最高的活动形式等元素，用以调整活动策划部分，同时，还可以根据用户活跃数据及时清理长期潜水的用户。

◎ 促活与裂变

微信群的最大作用就是可以高频率地触达用户，商家想要使微信群中的用户保持一个较高的活跃度，就需要不断提供一些优惠福利，举办一些活动，逐渐使用户养成习惯。比如，服装店可以在淡季多举办一些清理库存的活动，旺季做新品引流活动等。在促活之外，商家还需要利用一些裂变玩法实现老顾客带新顾客，比如微信朋友圈转发、集赞、好友助力截图等。

疫情之下，线下实体店经营私域流量池是一本万利的事情。顾客用更低的价格享受店铺商品，为店铺获得稳定的流量，可快速实现双赢。

实体店+公众号，做好内容快速涨粉

在疫情反复的大环境下，仅靠线下的自然流量根本无法支撑起店铺的生存，引流难、转化难是当前诸多实体店所面临的最大问题。而想要为店铺注入新的活力，摆脱困境，就要将目光集中在线上，利用互联网的优势开发更多的顾客，引导消费实现转化，而公众号就是一个很好的选择。

顾客的留存和转化是很多实体店商家很容易忽略的问题。无论是线上的抖音、微信朋友圈广告，还是线下的促销、福利活动，目的只有一个：让更多的人了解店铺，吸引更多的人进店消费，提升营业额。可一旦无法将这些花费大量成本的流量导流到线上进行留存和转化，它们就会快速流失，使店铺的人气攀升好似昙花一现。如果实体店拥有一个公众号，就能利用"关注"的方式实现轻松锁客，逐步构建自己的私域流量池。

需要注意的是，实体店公众号的运营不能只停留在推文、广告的层面，而是在重视宣传的基础上，开发更多的实用功能，以满足顾客的消费需求。我们可以借鉴一些行业内优秀的公众号，去了解一些公众号该如何运营。

比如，海底捞的官方公众号主要分为推送和服务两个板块：海底捞每周都会推送2~3篇文章，内容都与海底捞息息相关。如新品上市的"小清新派水果啵啵茶来啦"；官方活动的"海底捞会员福利升级！请查收"等。同时，海底捞还亲自操刀了一个节目，以视频的形式推送给用户，主要讲解各类菜品的详细制作过程。根据相关数据显示，海底捞绝大多数文章的阅读量轻松达到了"10万+"。而在服务板块，海底捞公众号提供了门店查找、预约订餐、外卖、会员注册等多项功能，对用户而言，功能全面，方便快捷，是一个十分实用的工具。

虽然直播和短视频的火爆使微信公众号的宣传营销效果出现了一定的下降，但微信公众号依然是实体店线上宣传最有效，性价比最高的平台。因为微信的用户数量是其他新媒体平台无法企及的，更重要的是微信公众号的一些功能在设计之初就是针对实体店而设计，这也为实体店的线上营销和锁客提供了便利条件。

那么，实体店在注册公众号之后，该如何运营？又该如何快速涨粉呢？

◎ 优先选择服务号

微信公众号的类型一般分为订阅号和服务号两种，订阅号类似于报纸、杂志，主要是为用户提供信息，且每天都可以发布一次推文，这种高频率的推送机制是订阅号的一大优势。而服务号则类似于服务平台，可为用户提供不同形式的服务，但服务号每个月一般只能发布四次内容，这是服务号在宣传推广方面的劣势。

很多实体店在打造公众号时会选择订阅号，主要就是看中了推送机制的优势，频繁地向用户推送店铺的广告和活动。但是，我们一定要明白，一家实体店的价值一定是来自服务，而不是文章，越能够满足顾客消费需求的公众号越能够留存顾客。因此，对于实体店而言，服务号才能最优选。

◎ 推送内容设计

实体店公众号发布的推文内容的要点在顾客需求上，即打折优惠、新品尝鲜、节目福利等一些能够为顾客带来实质利益的内容。千万不要试图以单纯的商品宣传推广来打动顾客，留住顾客，顾客没有那么多时间去浏览一篇广告。

服务号一个月有四次推送机会，可每周推送一次，所有内容需与店铺相关，将新品上市、打折活动、商品宣传等内容穿插使用，也可以结合一些节日或行业的热点进行推广。总之，推送内容以利益为主，以宣传为辅。

◎ 定制顾客服务

核心要点为利用信息化手段简化实体店的业务流程，提升服务效率。我们先罗列出顾客的需求点，然后设计相应的服务项以及自动回复内容。比如，餐饮店，顾客最关心的一般是餐桌预定、点餐；服装店，顾客最关心的一般是尺寸等。我们在设计服务项时，要将顾客最迫切、最关注的需求放在显眼处，其余一些类似新品查询、促销提醒等需求可用自动回复功能进行提醒。

◎ 公众号涨粉技巧

第一，线下导流。顾客进店消费后，可采用扫码点关注的方式将顾客导流到线上，并附赠一些优惠或礼品。比如，购物式店铺可将二维码印在收银台或包装袋上，适时提醒顾客扫码关注领赠品；餐饮店可采用扫码点餐、关注得优惠的方式进行公众号推广。

第二，新媒体营销平台推广。比如，利用已有的微信群、QQ群、朋友圈进行宣传推广，又或者举办一次折扣活动，让顾客分享公众号进行裂变涨粉。

第三，付费推广。即与第三方平台或自媒体人进行合作，利用对方的影响力为公众号进行推广。

微信公众号是一个线上引流、锁客的工具，对于实体店商家而言，除了采用更加科学的方式，还要根据实际情况自行考虑，才能获得最佳的营销效果。

实体店+抖音，同城引流成主流

短视频的火爆使得短视频平台积聚了巨大的流量，而抖音就是其中之一。对于急于打破发展瓶颈的实体店来说，抖音同城号是一个十分有效的营销推广工具。

"抖音同城"，是指平台通过定位向附近的人推荐视频的一种方式。当我们打开抖音后，顶部的菜单栏中会显示"推荐""关注""同城"等多个页面，在同城页面中，我们就可以看到附近的一些显示具体地理位置的短视频和直播间。当实体店商家在发布短视频时，开启同城定位，该短视频就会被投入同城流量池中，更容易被附近的人看到。

引流是现阶段线下实体面临的困境之一，而抖音则可以轻松解决这一问题。抖音的强大之处在于用户群体，无论是一二线城市，还是三四线城市，甚至是农村，抖音都拥有极为庞大的用户群体，相较于传统广告模式，抖音的高渗透性能够使宣传推广的效果最大化。

而"抖音同城"则扩大了这一优势，对于实体店商家的线上营销推广来说，同城引流具有三大优势。

第一，平台的流量扶持。同城号在发布短视频时，会获得相应的同城推荐流量，在抖音独特的推荐算法加持下，该短视频将拥有更高的曝光度。

第二，同城标签，精准引流。同城意味着该短视频带有某一个地域的特色，与同类视频存在明显的差异化，当用户听到家乡话，看到熟悉的风景，更容易产生共鸣。同时，同城也曝光了店铺位置，能有效为店铺导入线上流量。

第三，低成本。抖音同城营销推广在本质上与发传单并无二致，比如，实体店一天中发出去500张传单，而抖音同城短视频的基础播放量为500，就意味着500人了解了这家店，前后两者的效果是一样的。但是，抖音短视频的成本更低，覆盖面更广泛。

那么，实体店商家在进行同城引流推广时，需要注意哪些问题呢？

◎ 同城号的准备工作

关于设备：准备一台像素较高的手机用于视频的拍摄，一个手机支架保证视频画面的稳定，一台补光灯以免店铺内灯光较暗影响视频效果。如果需要真人出镜，着装可根据实际情况进行调整，最好能展示店铺的名称。

关于账号：如果实体店商家有抖音账号，只要该账号在使用期间并未受到过任何违规通知，即可使用，即使账号长时间没有发布短视频，也不会出现限流的问题。不必再重新注册账号，也不必单独为账号准备一部新手机，一张新手机卡。如果想要呈现最佳的营销推广效果，商家可删除或隐藏之前发布的生活类短视频。

关于拍摄：抖音短视频分为横版和竖版，竖版视频的观看体验更好，流量也比横版视频要高。在拍摄短视频时，尽量拍摄竖版短视频，且使用抖音的原生相机进行拍摄。

◎ 同城号的内容设计

同城号的内容定位需遵从一个原则：明确顾客群体，满足痛点。比如，一家餐饮店，顾客想要了解这家餐饮店怎么样，你的短视频内容就需要去展示店铺装修好，每天的客流量很大，菜品十分精致即可，而不是让一位厨师去介绍某一道菜是怎么做出来的。

关于内容的形式大致有四类。

第一，业务类，即展示你为顾客服务的过程，让顾客更直观地感受店铺服务人员的业务水平。拍摄结束后，我们要获得顾客的授权才可发布。该形式适用于任何行业。比如，服装店可展示从顾客进店到消费结束离开的整个服务过程；洗车店可展示洗车人员的专业和效率等。

第二，效果类，即顾客享受服务后出现的变化。比如：健身馆，一位200斤的顾客在经过两个月的锻炼后体重下降了40斤；美发店，一位女士在经过烫染之后变得更加漂亮。这种视频内容能够给用户带来惊喜感，更容易获得点赞和关注。

第三，展示类，即展示商品。比如，服装店，由模特穿上流行的服装进行拍摄，可采用店内拍摄或街拍的方式；餐饮店，展示精致的菜品。这些在观感上能够带来消费欲望的商品完全可以作为素材来使用，有很大概率上热门。

第四，参考同类视频。同行是最好的老师，如果不知道该拍摄哪些内容，可以搜索同类店铺账号，模仿对方的视频，但不可完全照搬，需要分析对方选择的话题、切入的点以及展示的方式，结合自己的店铺和商品进行模仿和创新。

◎ 同城号的蓝V认证

蓝V是抖音平台针对商家推出的一个账号类型，虽然需要花费一定的成本，但在营销推广方面具有很大的便利性，而单纯的个人账号在进行营销宣传时很容易被限制。蓝V认证的优势在于具有官方承认的营业执照，相较于个人账号更具信任感。同时，蓝V账号具有很多个人账号不具备的功能，比如团购、联系电话、营业时间等。这些功能能够帮助店铺更好地将线下流量引流到线上。

　　2022年，在实体行业整体陷入僵局的情况下，实体店商家完全可以借助抖音进行破局，通过线上线下相结合的方式，打开流量通道，让店铺获得更高的曝光。

实体店+直播,快速带货

直播带货的火爆为实体店在经营的寒冬中提供了一个有效的自求手段。各行各业的实体店都在通过展示店铺和商品来促成更大的消费者触达。尤其是在传统的线下销售渠道备受限制的当下,直播成了一项重要的营销手段。

很多实体店商家忽略直播带货的原因在于陌生感。直播带货火爆初期,人们最常见的就是那些长相俊美、妙语连珠,且专业词汇信手拈来的带货主播,他们没有自己的实体店,却能够通过自身的魅力和专业能力为企业和商家带来不俗的销售额,这种表现让很多实体店商家望而却步。但实际上,实体店在直播带货方面拥有一些天然的优势,比如行业经验。一个深耕于某一个行业的商家,必然对该行业的一些产品有着深入的了解,至少要比顾客懂得更多,而这在直播中就是专业性的体现。同时,实体店直播具有场景优势,线下的实体店属于真实的消费场景,在店铺内直播更容易获得顾客的信任感。

比如,抖音平台中的一个实体店账号,它只有8个作品,4.2万粉丝,最高点赞数也不过2万,但它的直播间的消费额却能轻松突破40万,最高的时候能突破100万。一个普通的抖音账号也能够轻松满足带货的需求。这就意味着直播带货靠的并不仅仅是名气,而是在决定直播带货后的选择，只要选择得当，一家小店铺同样能带"大货"。

那么，实体店该如何才能做好直播带货呢？

◎ 直播平台首选抖音

国内最适合直播带货的平台共有三类：以淘宝和京东为代表的电商平台；以微信为代表的社交平台；以抖音和快手为代表的短视频平台。一众平台各有千秋，但最适合实体店直播带货的非抖音莫属。

电商平台最大的问题在于头部主播垄断。比如淘宝，优秀的头部主播占据了大量的流量，腰部和尾部主播很难崛起，即使进行直播带货，直播的流量也仅仅来自店铺本身的粉丝转化，很难吸引到平台的流量。社交平台需要进行用户积累，比如微信的日活高达10亿，但你需要通过建立社群、运营公众号等方式积累粉丝，才能使直播带货有很好的转化。

但抖音平台去中心化的流量分配机制为实体店直播带货提供了一个绝佳的先天条件，平台算法根据直播内容作出判断，将直播间推荐给可能对内容感兴趣的用户，即使没有前期的粉丝积累，同样拥有爆火的机会。

◎ 直播内容形式

实体店在开启直播后，直播内容大致分为三个方向，简单易操作且转化率不俗。

第一，商品应用场景，即你带货的商品应用在具体的场景中，让顾客更加直观地感受商品。比如，女装直播，你就可以准备一些城市、街边、风景的幕布，让模特穿着精心挑选的服装并搭配相应的背景图，来衬托服装在具体环境中的效果；不粘锅直播，你不妨直播演示煎鸡蛋，让观众感受锅底的丝滑。

第二，专业知识，即直播某个行业或领域的专业知识，让观众更加了解商品。比如，服装直播，你可以聊一些服装、发型对一个人的气质的影响，什么样的体型穿什么样的衣服才更有气质。通过专业的讲解提升直播的信任感，从而实现转化。

第三，秒杀折扣，即一种让利直播。该直播内容短平快，开头讲解产品卖点，随后烘托稀缺气氛，爆出秒杀价格，打上购买链接，完成交易。该直播内容对主播的控场、情绪调动能力要求较高。

◎ **直播的细节**

直播预热：在官方账号上提前公布直播的时间或者发布直播预热短视频。

直播场景：以实体店内为主，通过展示线下实体店来提升直播的信任度，同时将线上未成交的顾客引流到线下。

直播互动：避免一味地推销，可针对直播间用户提出的问题给出详细的解答，对适用人群分析商品的优劣，对不适人群进行适当的劝阻，给予用户足够的重视感。

直播福利：以红包抽奖等方式，引导用户积极参与，保持直播间的活跃度。

当互联网经济越发壮大时，实体店所需要做的就是顺势而为，以"实体店+直播"的方式让自己乘上时代的巨浪。即使如今直播带货已然不在风口，但它依旧能够帮助实体店挖掘顾客的潜在消费和延伸消费，是营销推广的一种有效方式。

实体店+微博，软文带货效果佳

微博，是大众生活中常用的一个信息分享平台，同时，也是各大商家和品牌十分重视的营销推广渠道。而在实体店的经营中，微博营销同样能带来很好的引流效果。

野兽派花店是活跃在微博上的一家鲜花店，这家鲜花店最初根本就没有实体店，甚至都没有淘宝店，仅凭微博上的百字软文就获得了10多万的粉丝，订单不断，一些娱乐圈的明星也经常在"店"中选购鲜花。

一家连实体店都不存在的鲜花店，却能吸引大批粉丝关注、下单，它的微博营销软文功不可没。野兽派花店采用的是故事营销的手法，几张花卉的照片，100多个字的文案就能让所有微博用户了解一个人的故事。

比如，闺蜜的赠礼："一女孩为闺蜜订花，希望'招桃花'。选了水仙百合郁金香，每片花瓣都娇嫩，很小心地扎上，不自觉地轻哼'love me tender，love me true'。请大家为它取名吧，这是我在农历新年前，包的最后一束花。"

又比如，追求者的告白："给深爱的女孩，她坚强、独立、勤奋，偶尔有点消极；不要柔美，只要特别……用了高山刺檗、紫色龙胆和白色小手球，好像两人牵手在山野里散步，采来摆在小屋窗前……如此被了解，被欣赏，被包容，被想念——才是深爱。"

对于关注花店的粉丝顾客来说，成为"故事"的主角或者围观现实生活中让人暖心的亲情、友情、爱情，满足他们内心对美好的一种追求和向往，一束鲜花不仅是心意，也是希冀，更是自我安慰。

野兽派花店的成功，诠释了故事营销独特的魅力，同时也侧面展现了微博在营销方面的强大。一个微博账号，一个勾人心弦的故事就可实现病毒式传播，获得大量的潜在顾客。

对营销而言，微博平台的优势主要有三个。第一，微博用户的数量庞大，覆盖面广泛且具有很高的开放性，即使不是粉丝和好友也有可能刷到微博，这也意味着一条微博如果被推上热搜，每一个微博用户都有机会看到信息，并进行点赞、评论和转发。这是微博平台特有的营销条件。第二，简单易操作。无论微博营销选择哪种方式，都会涉及一些类似热门搜索、超级话题引流、刷赞的内容，这些内容操作简单，成本较低。第三，微博中的热点层出不穷，这意味着仅凭微博中的热点就能完成借势营销，在软文中结合热点，提高曝光度和推荐机会，同时也能够快速涨粉。

微博平台的营销条件和环境得天独厚，一篇优质的营销软文就能够为店铺带来不俗的进店率、转化率和品牌美誉度。那么，我们该如何写好一篇微博软文呢？

◎ 分析核心目标用户

分析核心目标用户，即找到最主要的目标顾客群体。无论你置身于哪个行业，你的实体店一定有目标顾客群体，他们在某方面有着共同的特征、偏好和话题敏感度。通过对目标顾客群体进行分析，得出大致的软文主题内容，才有利于吸引此类微博用户关注。比如，你经营着一家母婴店，你的目标顾客群体就是年轻的妈妈，她们格外在乎孩子的成长发育问题，因此，软文中的"宝宝长不高""缺钙"等字眼将具备很强的吸引力。

◎ 微博软文话题策划

在找到目标顾客群体后，就可以根据顾客特征和偏好来确定话题，主要是分析店铺的主营产品植入哪些话题会更加适合，如母婴店的育儿话题、外设店的游戏话题等。此外，还有两类话题可供使用：第一，热点话题，新浪微博风云榜上的话题往往被大多数微博用户关注，根据热点话题的可用度进行借势营销；第二，大众话题，一般多为社会、情感、公益等全民话题，人人都能参与，没有任何门槛。

◎ 微博软文创作

微博软文短小精悍，需要在有限的字数内将有价值的信息传递给用户，以促成转化，大约140个字以内。软文形式大致可分为三类。

1. 广告式。适用于店铺官方微博，以新推出的产品或活动来吸引用户关注，一般以优惠和营造稀缺感为主，如以"新品上市，特价优惠，仅24小时"结尾等。

2. 分享式。以第三方视角来解读某件产品，比如"朋友最近购买了一款身体乳，十分好用，皮肤变得更加水嫩了"。

3. 创意式。类似于微小说一般，分享笑话、情感、故事等，具有新颖、有趣、好玩的特性，如野兽派花店的软文。

◎ 微博软文的发布和评估

如果微博账号的粉丝数量较少，在发布软文时可以"@"一些有影响力的明星和大V，他们的粉丝基数较大，利用大号带动小号。在微博软文发布后，可邀请一些朋友进行评论，打开话题度，为微博积攒人气。当微博软文发布后，可根据点赞数、评论数、转化率等指标来评估软文的营销效果，并及时进行调整。

微博软文的创作基本上就是这些步骤，从策划到执行都只是一个框架或思路，真正的软文创作还需要结合实际情况进行酌定，不必拘泥于某种定式。毕竟营销效果才是评判一则软文的标准。

实体店+小红书，KOL种草打卡

提起社交平台，自然少不了小红书，定位于社区分享的小红书平台拥有着特点鲜明的用户群体，十分适合进行营销推广，尤其是KOL营销。

KOL，即关键意见领袖，是营销学中的一个概念，被定义为更了解产品，被相关的群体信任，并对该群体的行为具有影响力的人。简单来说，就是拥有大量的粉丝或追随者，他们对某一个事物的态度能够影响这些粉丝和追随者对该事物的态度。我们常见的明星、专家就属于KOL。而KOL营销就是利用这些关键意见领袖的影响力和号召力来提升一款产品或一个品牌的关注度和美誉度。

小红书平台盛产各种博主，就是那些专注于垂直领域的内容创作者，他们对某一个行业或某一件产品具有独特的理解，为产生疑惑的用户提供宝贵的意见。在双方频繁互动之下，关系就变得更加紧密，更容易产生信任感。这为后续的营销推广提供了很大的便利性。

小红书的营销推广效果不容小觑。那么，实体店该如何利用小红书这个平台进行营销推广呢？

◎ 适合平台调性的行业

小红书的用户群体以女性为主，其中以白领、潮人、精致妈妈群体最为活跃。因此，小红书作为线上营销推广平台，适用于护肤、彩妆、母婴产品、潮服等行业，一些配饰、皮包、平价美食也可以在平台上推广。实体店最好能够自主产出高质量的精美图片，以更适用于平台用户的浏览习惯。

◎ 合作KOL筛选

合作KOL筛选，即根据实体店的需求选择最佳的KOL。筛选的标准主要有两个维度。

1. 相关性。达人深耕的领域、日常发布内容都需要与实体店经营行业具有相关性，对方的粉丝群体与实体店的目标顾客需具有一定的吻合度。

2. 适宜性。小红书的KOL可分为三类：头部达人、腰部达人、素人。其中，头部达人的粉丝规模十分庞大，能够使品牌在短时间内爆发，为品牌带来较高的话题度，适用于快速打开品牌知名度的需求；腰部达人专注于垂直领域，能够带给用户信任感，适用于包装推广，提升店铺信誉度的需求；素人号胜在数量多，可为营销推广做基础扩散，让产品或品牌被更多人的了解，适用于单一的卖货需求。

这三者的推广价格各不相同，可根据实体店的营销目的和营销预算选择最佳的组合。比如，高预算，可利用头部达人造势，提升关注度，腰部达人种草，素人大量传播；预算较少，则可根据达人的属性选择最适合的一类达人进行合作。

◎ 小红书笔记投放

小红笔记投放分图文和视频两种形式，建议采用图文的方式，使笔记内容一目了然。视频形式虽符合潮流，却需要用户具有一定的耐心，达到完播率较低，没有图文形式直接。

当笔记发布之后，小红书平台会将它推荐给可能对内容感兴趣的用户，发布的笔记越多，被推荐给的用户机会越多，品牌曝光度也就越高。如果有很多博主在推荐某个品牌，浏览笔记的用户一定会对这个品牌印象深刻。

当小红书用户出现需求时，一般会使用平台的搜索功能，在进行笔记投放之前，需将平台的高频热词找出来，结合推广的产品或品牌融入笔记中，使笔记更容易被关键词搜索出来，增加笔记的曝光度。

◎ 线上推广、线下探店

探店作为目前最火爆的一种营销推广方式，更容易实现线上、线下流量的转化。既然实体店拥有这一先天优势，自然不可浪费。可邀请线上合作的KOL进店拍摄，在不断投放笔记的同时，分享一篇具体的探店内容，一方面进一步提升信任度，另一方面也使得店铺得到了更好的曝光。

对于实体店的线上营销推广来讲，小红书是一个不容忽视的平台，尤其是与平台调性一致的行业，能够为实体店带来一批十分优质的线上流量，这是其他平台所无法比拟的。

实体店+搜索引擎，带来更精准的消费群体

大多数人在遇到困难时会习惯性地借助搜索引擎平台的力量来解决自己的问题。在这个过程中，消费者一定是出现了某种需求，而经过关键词搜索，平台中所展示的信息基本上就会与消费者的需求相关。如果实体店利用搜索引擎进行营销，就能在避免无用信息干扰的同时，又能最快速地将解决方案或信息传递给消费者，达到精准引流的效果。

比如，在百度搜索平台上搜索"夏装搭配"，就能得到一批与关键词相关的内容，有"讲解时尚变化，服装穿搭"的专业平台链接，有来自百家号、搜狐号、网易号等一众自媒体平台的软文，还有淘宝网的商铺链接等。如果这些内容的背后是一家服装店的营销推广信息，那么，这名网友就是一个精准的流量。

整个营销过程都是围绕"夏装搭配"展开，它就是关键字，因此，搜索引擎营销也可以成为关键字营销。营销方式大致分为两种。一种是需要付费的，实体店商家作为广告主与发布商合作，获得搜索引擎平台上的关键字广告位以及设定关键字匹配方式，但需要支付相应的费用。比如，上述提到的专业穿搭平台，淘宝网商铺连接等就属于这一类。另一种就是实体店商家作为普通网民在一些有效的网站中发布信息，由平台系统自动从信息中抽取关键字，显示在搜索界面。

由于搜索引擎营销属于被动式引流，虽然可实现精准引流，但具体引流效果却难以预测。可作为一种互联网营销方式，搜索引擎营销也是一些实体店进行线上营销的关键渠道，相较于付费形式，免费形式更受青睐。而想要在不花钱的条件下利用搜索引擎实现精准引流，首先就需要了解搜索引擎的工作原理。

搜索引擎中存在一种爬虫机制，它会在相关的网站中收集大量的内容，并通过对内容进行梳理、提取，将庞大的文本内容归纳成一些关键词，方便用户搜索。同时，为了避免词条内容重复，它会剔除一些相同的内容，并做好相应的排列，而排列的优先级的判定标准为用户体验和内容相关性。当用户搜索一个关键词时，页面中会展示多个词条，点击率高的词条内容在排列中会被放在最前面。同时，网站的精简度、词条和链接中是否存在与关键词相同的字段，也是影响词条排列的关键因素。

由此可见，想要利用搜索引擎实现精准引流，就需要从标题、软文、发布平台三个方面入手。

◎ 以热词为核心的标题

标题就是在搜索页面中所展示的最明显内容，而标题中的关键词选择需要符合消费者的搜索习惯，不可自行撰写。比如，某个产品具有高性价比的特点，"高性价比"就需要转换成消费者的表述习惯，如"便宜又好用"等。

而关键词的确定需要借助百度指数、360趋势、搜狗指数等搜索平台检索工具，利用大数据分析出关于某个关键词，消费者使用最多的词汇，从而使标题中的关键词与消费者输入词条内容高度吻合。

◎ 能够激发阅读兴趣的软文

软文创造的核心是如何全方位地展示产品，以实现流量的转化。但前提是能够激发消费者的阅读兴趣，使他们能有读完整篇文章的耐心，从而更好地了解产品。

此外，软文中关键词的多寡会影响词条在排列优先级中的比重，适当地在文章中添加一些关键词能够使词条在排列中更靠前。但需要注意的是，关键词出现的频率不是越高越好。因为，为了避免这种"作弊"的方式，搜索引擎中存在一种反作弊机制，用以分析链接的内容相关性，当关键词出现的频率过高，搜索引擎将对其实施强制干预，最终适得其反。

◎ 高权重的发布平台

在发布平台的选择上，需要考虑网站的权重、收录速度等因素，才能使软文有一个很高的曝光度，比如互动百科、微博、论坛等。同时，挑选尽可能多的平台发布，并设置自动发布的时间，才更容易让软文被搜索到。

当人们对搜索引擎的依赖越来越强时，它所带来的精准流量会为营销推广提供具有高转化属性的流量基础，极大地提升实体店的曝光度，吸引更多的顾客进店消费。

把公域流量沉淀为私域流量

线下营销的乏力促使越来越多的实体店家将重心转向线上。线上营销侧重社交媒体的运营以及无缝对接顾客和消费者,以达到节约成本和提高转化的目的,而这就需要店家懂得如何将公域流量沉淀为私域流量。

所谓公域流量,是指某一个集体所共有的流量,也可以看作是平台流量。如淘宝、京东、抖音等属于平台,当实体店商家入驻平台之后,在平台上浏览并进店消费的平台用户就属于公域流量。这些潜在顾客完全需要店铺的美观、高质量等硬实力来促成交易,或者利用平台的一些特殊机制,如百度平台的优化推广、淘宝平台的直通车等,由平台干预增加店铺的曝光度来实现引流和成交。

但公域流量存在一些明显的弊端,店铺只有在顺应平台发展趋势或宣传定位的情况下才能获得较多的推荐,提升销售额。比如,淘宝平台的"双十一"、京东平台的"618"活动等,商家只能在此类活动来临之际,策划相应的活动,自身则不具备创造潮流的能力。简而言之,就是商家自主策划的活动即使内容再好,没有平台的加持也很难得到曝光。此外,公域流量的导入成本很高,当商家想要被平台扶持时,平台会收取高额的费用,这对于一些中小型商家来说,无异于赔本赚吆喝。

那么,私域流量又是什么呢?私域流量是指无须付费,可在任意时间、任意频次直接触达顾客的渠道中的流量,是一个专属自己的顾客群,常见的有微信群、公众号等。

相较于公域流量,私域流量具备四大优势:第一,自有流量,网络上的一些流量是需要付费的,而私域流量完全免费;第二,触达,不需要任何过程,直接与顾客建立沟通;第三,实时在线,微信是运营私域流量的最佳工具,因为微信是大众使用率、使用频率最高的软件,大多数用户都是实时在线的;第四,可持续,商家与顾客的关系更加亲密,顾客更愿意和商家持续沟通,并维持这一段关系。因此,在流量价格不断攀升的大背景下,将公域流量沉淀为私域流量才能实现免费、高自由度的触发顾客,从而实现店铺的销售额的增长。

那么,该如何将公域流量沉淀为私域流量呢?

◎ 选择适合自己的公域流量平台

抖音、快手、小红书、B站等拥有大量用户的平台都可作为目的平台,尝试进行转化。但为了提高转化的效率,选择最适合自己的公域流量平台才是最重要的。我们需要考虑自家店铺的潜在顾客与平台受众的吻合度,比如,小红书平台的用户以一、二线城市,关注时尚、美妆、护肤话题且具有较强消费能力的年轻女性为主,因此,主营潮服、化妆品、护肤品的实体店商家就适合小红书平台进行导流,而主营二手汽车、渔具的商家就不适合。

◎ 优质的内容输出

短视频、直播、文章、问答等都是内容输出方式,但无法采用哪种方式,优质的内容才更容易沉淀私域流量。优质内容就是有干货、趣味性、福利多的内容,干货是指关于某个行业或话题的独特见解或经验分享,比如,发布一些常人不知道护肤小贴士就容易吸引一些具有护肤需求的人的关注。

◎ 持续的运营

公域流量沉淀为私域流量是一个漫长的过程。在平台建立账号之前,需要明确自己的风格,完善自己账号的名称、标签等,内容一定要稳定输出,在保证质量的前提下,提高更新频率,使账号拥有较高的活跃度。同时,还需要分析每一篇文字、每一段短视频的引流效果,从而调整自己的内容输出形式和方向。如此,该账号才能得到更多人的关注,获得更多的公域流量。

◎ 选择最佳的转化路径

每一个平台都有自己的规则,商家需要在规则允许的范围内提供流量转化的路径,比如电话号、微信号、二维码等。需要注意的是,在提供转化路径时,一定要摸清平台的限制规则,否则因违规造成的处罚或警告会降低账号的权重,使平台自行分配的流量减少。比如,抖音平台中的作品中不允许提供微信号、电话号、二维码等,因此,可通过评论或私聊提供转化路径。

大到品牌,小到门店,私域流量都能提供可观的增长,因此,各位商家在重视店铺线上发展的同时,还要做好公域流量向私域流量的转化,才能让店铺变得更有生命力。

第八章
有效锁客，培养实体店的忠实粉丝

忠实粉丝的三个评判标准

忠实粉丝是互联网时代衍生出的一个名词,指的一批对钟爱的对象、死心塌地的粉丝,常见于生活中的追星族群体,而利用被关注对象和粉丝关系实现的营销创收行为,就被称为粉丝经济。如今,越来越多的实体店品牌开始热衷培养一些忠实的粉丝顾客,让他们的个人影响力来保持店铺的热度,从而提升自家店铺的流量和口碑。

星巴克之所以经久不衰,就是拥有着这样一群坚定的追随者。当顾客第一次购买星巴克的咖啡时,都会被邀请注册星享卡享受店铺的优惠,同时,各种邀请券、升级券的出现使星巴克将星享卡顾客作为媒介进行有效传播,快速吸粉。而别出心裁的升级机制也完美地戳中了顾客的内心,使双方之间的连接变得更加紧密。

培养一批忠实粉丝的好处就在于他们会频繁复购,为实体店带来稳定的效益,更重要的是,忠实粉丝易于形成口碑,实现二次传播。比如,当实体店的门口排起了长队,自然会吸引路人的好奇心,从而加入排队队伍一探究竟,而且忠实粉丝会自发向身边的人推荐自己钟爱的品牌或商品,实现口碑扩散。

由此可见,实体店的忠实粉丝共有三个特征:第一,发自内心地认可实体店的商品或品牌;第二,回购率很高;第三,能够自发为实体店扩散口碑。实体店的顾客只有同时满足这三个条件才能被归入忠实粉丝的范畴，缺一不可。比如，一位顾客喜欢一家店铺的产品，消费的频率也很高，但他不喜欢向周围人推荐这款产品，那他的定位就属于基础粉丝范畴，换言之，他频繁复购的主要原因只停留在了产品层面，店铺和顾客并未产生情感连接。

那么，实体店在拥有强力产品的情况下，该如何利用服务将顾客一步步变成自己的忠实粉丝呢？

◎ 吸引阶段

初次进店的顾客即使带有很强的目的性，他的第一注意力一定会放在环境上，甚至会出现迷茫的神色。在接待方面，工作人员首先需要消除对方的陌生感，加深印象，比如，主动介绍店铺的主营产品以及一些细节的注意事项，让顾客了解店铺的基本情况。如果是一家服装品牌店，在顾客进店时，就可以说："欢迎光临××服装店，我们家主要有男装区、女装区和鞋类区，我有什么可以帮您？"

这种接待方式区别于大多数实体店的"看见男顾客就推荐男装，看见女顾客就推荐女装"的主观判断式接待，"随便看，店铺有很多新品，喜欢可以试试"的随意性接待，而是将主动权交给顾客，这样做，一方面，展现了周到的服务，又不会过于热情，让人感到不适；另一方面，降低了推荐的功利性，更容易让顾客心生好感。

◎ 转化阶段

想要实现转化，就要积极了解顾客的需求，并及时解答顾客的疑问。了解需求的方式有两种。

一种是询问，即主动开口询问顾客需要哪类产品，通过展示和介绍让顾客深入了解他所需的产品属性,并解答对方所提出的问题,这里需要工作人员具有很高的专业性,如果自己不了解可以寻求同事的帮助,千万不要给出模棱两可的答案。

另一种就是观察,通过对方的表情、肢体动作等来判断对方的疑虑。比如,顾客在听闻产品的价格后出现明显的迟钝或者将拿在手中的产品还给店员时,就意味着对方无法接受这一价格,店员需要主动提及店内的优惠折扣活动或者介绍另一款功能相同且价格相对较低的产品,切勿以无效赞美来唆使对方购买。

◎ 锁客阶段

当实体店的产品和服务达到优质的水平时,进店的顾客自然就会享受这种购物过程,从而对这间店铺留下深刻的印象。之后,店铺将这些顾客引流到线上进行维系,并通过会员制度、老顾客回馈等手段加强彼此之间的情感联系,经过长时间的运营,使他们从顾客变为忠实粉丝。

忠实粉丝的培养并非一蹴而就,它是一个通过一次次有价值的服务去赢得顾客信任的漫长过程。但是,只要实体店拥有了忠实粉丝,就等于拥有了最强力的广告语。

对顾客分层管理和服务

二八法则,最初源于意大利经济学家帕累托发现的一种财富分配不均的社会现象,即20%的人占有80%的社会财富。简单来说,就是投入和产出之间普遍存在不平衡的关系,而有目的地调整投入可以使产出最大化。该法则适用于很多领域,实体店的顾客管理就是其中之一。

网上曾有过这样一个话题:"为什么街边的烟酒店看起来生意不好,却不会倒闭?"在大多数人的认知中,客流量决定了一家实体店的收益,进店消费的人越少,店铺的收益也就越低。但事实并非如此,这些烟酒店能够长期生存下去,收益自然是稳定的,它们的主要收益来源并非路过的零星顾客,而是一些需求量大、消费频次高的大顾客。这些大顾客带来的收益占据了店铺收益的90%。烟酒店只要维系好与这些大顾客的关系,就能获得较为可观的利润。这就是实体店对二八法则的一种运用,其核心就是把握关键顾客。

很多实体店更倾向于"广撒网、多捞鱼",尽量维持住更多的顾客,创造更多的价值,但是,这种想法虽好却不太实现。主要是因为不同顾客带来的价值也不同,一些顾客的订单所创造的价值是其他顾客的十倍,甚至更多,而一些顾客带来的利益较低,两者比较之下,前者显得更为重要,需要花费大量的时间和精力去维护关系。此时就涉及店铺的资源问题，一个店铺的资源是有限的，它的卓越服务无法以统一的标准面向所有顾客，而大顾客流失带来的损失需要更多的一般顾客来填补，这又变相分走了一部分的资源，使服务内容越来越单薄。

因此，在实体店的经营中，需要善于利用二八法则进行顾客管理，由"量"转为"质"，才能稳固收益，持续发展。这就需要实体店对进店的所有顾客进行分级管理，将有限的资源投入到价值高的顾客身上。这也是为什么飞机上有头等舱、银行有VIP窗口的原因。

那么，该如何将顾客分类管理落实到实体店的经营中呢？

◎ 顾客等级划分标准

以顾客的历史消费情况为依据，主要涉及需求量、消费频次、消费商品单价三种要素。我们可以将所有顾客总结为以下两类：关键顾客和普通顾客。

关键顾客包括：需求量大、消费频次高、消费商品单价高的顾客；需求量大、消费频次低、消费商品单价高的顾客；需求量小、消费频次高、消费商品单价高的顾客；需求量大、消费频次高、消费商品单价低的顾客。普通顾客则包括该四类顾客之外的所有顾客。同时，根据实际情况对顾客等级进行调整。

◎ 集中优势资源服务于关键顾客

主要涉及标准化服务和个性化服务。标准化服务需注重规范和流程，按照实体店拟定的制度为普通顾客提供服务。而个性化服务主要针对关键顾客，强调服务的灵活性。比如，优先级问题，当两位顾客的订单都需要某件商品时，一旦商品数额无法满足两个订单，需要优先安排关键顾客的订单。在售后服务方面也是如此。当出现投诉的情况时，可根据不同级别的顾客设置不同的时间，关键顾客的投诉需两天内处理完毕，而普通顾客可适当延长，主要涉及店铺负责人外出不在的情况。此外，还包括付款条件、价格折扣等内容。

◎ **维护与关键顾客之间的关系**

定期回访关键顾客，熟悉关键顾客的动态，以便及时发现问题并解决问题，以电话回访和上门回访为主。对于高频次的顾客，可实行每月一次电话回访、每个季度一次上门回访的安排。对于低频次的顾客，可实行每个季度一次电话回访，半年一次上门回访的安排。

征求关键顾客的意见，以座谈会或回访的情况，了解关键顾客对实体店商品、服务等方面的意见和建议。通过建立有效的沟通渠道，了解关键顾客的真实需求，使双方的关系更加亲密。

◎ **不可忽视对普通顾客的管理**

很多实体店十分关注创造大部分利润的关键顾客，而忽视剩余创造小部分利润的普通顾客，一味降低对普通顾客的重视程度。如此，虽然短时间内不会对实体店的经营造成冲击，却不利于长期发展。主要由于普通顾客虽然带来的收益较低，但数量大，对店铺的口碑传播也有着至关重要的作用。

对于实体店经营而言，既要重视关键顾客，也不可忽视普通顾客的体验感。齐头并进，找到最适合店铺发展的道理才是最佳方案。

用抵用券黏住顾客

近年来，电商的挤压加上疫情的冲击导致线下实体店的发展举步维艰。每位实体店商家都能够轻松感知到客流量的流失。就目前而言，引流锁客成为诸多实体店所面临的一大困境。想要打破这一瓶颈，线下优惠活动自然是最佳的解决方案。

对实体店经营来说，引流固然重要，但锁客才是延缓店铺衰亡最关键的因素。毕竟开门做生意不是一锤子买卖，需要在顾客进店消费之后，提高顾客的复购率，才能支撑店铺长久地经营下去。那么，如何才能将新顾客变成老顾客？老顾客变成忠实顾客呢？答案就是抵用券活动。

抵用券是优惠券的一种，其特色在于只有当顾客再次光临店铺时，优惠才能生效，一般有现金抵用券、折扣抵用券、换购抵用券等多个类型。抵用券的本质是降低了顾客的消费门槛，但相较于直接打折的优惠方式要更具锁客效果，主要原因是利用了顾客的损失厌恶心理。比如，同样一款商品，商家向顾客发放了一张10元的现金抵用券，在顾客的认知中，自己获得了10元，如果不去消费，就等于白白浪费了10元。而这款商品直接降价10元，对顾客来讲，自己如果不去消费也没有任何损失，这就很好地刺激了顾客的消费欲望。同时，抵用券的发放有着明显的限制因素，只有顾客进店消费之后才能获取，该限制因素就为顾客提供了一个再次进店的理由，提升了顾客的复购率，达到了锁客的目的。

那么，该如何设计抵用券活动呢？

◎ 高契合度的行业

抵用券活动在理论上适用于所有的行业，但结合实际情况来看，该活动契合度最高的行业是快消品行业，也就是消费频率高、拥有广泛顾客群体的行业，基本上以"食"为主，比如，餐饮、日用品超市、生鲜等，一些美发、美容、养生等行业也能够采用。而其他行业不适用的原因就在于消费频次的问题，消费频次过低使抵用券活动的周期变得很长，而顾客同样也会因为时间过长很容易遗忘抵用券，锁客效果不明显。比如，对于汽车店、眼镜店等来说，当顾客购买完商品之后，就很难再出现需求，即使依然存在需求，也不可能在短时间内频繁进店选购。

◎ 限制因素

主要涉及时间和折扣力度。时间需要根据顾客对商品的消费频率而定。比如，快消品行业的时间限制最好不要超过一个月；美容、美发等行业的时间限制不要超过两个月等。如果服装店想要利用抵用券锁客，最好也不要超过一个月，其主要目的是当顾客为自己选购完商品后，还会为身边的人购买商品，达到有效刺激的目的。需要注意的是，在抵用券发放时，需主动提醒顾客活动的时间。

关于折扣力度，可根据单件商品的盈利状况拟定，切忌赔本赚吆喝的方式。抵用券的主要目的是锁客并非引流，否则，顾客的复购率越高，店铺亏损得越厉害，越得不偿失。

如果是换购抵用券，需指明抵用券的使用范围，比如某个特定商品、某个品类、某个品牌等，以免出现顾客换购高价值的商品，从而发生让店铺亏损的情况。此类礼品需标明价值，并在顾客首次获得抵用券时展示给顾客。

◎ 抵用券的使用方式

抵用券的使用方式主要有三种：第一种，单一的折扣券发放形式，即顾客进店消费一次获赠一张抵用券；第二种，折扣的力度逐次递增，即顾客第一次进店消费获得一张9.5折抵用券，再次消费获得一张9折抵用券，依次类推，直到降低到某一个等级，折扣将不再出现变化；第三种，集"券"模式，即顾客消费后获赠一张抵用券，集满不等数量的抵用券可换购一些商品或者享受一次大力度的折扣。

◎ 活动裂变

抵用券活动除锁客外，可与店铺宣传活动相结合，从而达到引流的目的，主要适用于第三种抵用券的使用方式，当顾客获得换购资格或者享受大力度折扣时，可邀请顾客拍照，发朋友圈，为活动引流，实现裂变。

抵用券活动多种多样，不必拘泥于一种形式，可根据实际情况自行调整，其核心在于利用优惠刺激消费的同时，给顾客一个再次进店的理由，达到复购的目的即可。

让顾客成为会员

会员制，是如今很多实体店常用的一种经营手段，它能通过对会员的运营，构建一个专属的私域流量池，使顾客的忠诚度大幅提升，促进店铺的稳定发展。

实体店施行会员制的目的，不仅是为了简单的营销获利，而是希望通过与精准的顾客群体建立稳固的关系，让顾客为店铺创造更大的商业价值，如引流传播、口碑裂变等。会员制度的玩法多种多样，常见的有美发店"充500赠500"的大额优惠，商场的消费得积分，积分抵现金的小额优惠等，这些会员形式过于普遍，对于大多数顾客而言，缺乏刺激性，无法很好地体现会员与非会员的差异性，因此，很难取得预想的效果。

曾经爆火的"星巴克猫爪杯"事件，就是星巴克忠实粉丝的一次狂欢，让星巴克引以为傲的顾客忠诚度就得益于它的会员制度——星享卡。从玩法上，星享卡具有三个等级：银星级、玉星级、金星级，采取的是升级制，由累计消费金额决定。同时，消费满50元可获得一个星星，会员积累的星星可兑换赠饮、食物以及礼品，而猫爪杯就是其中的一项礼品。不同级别的会员享受的优惠券也不同，比如银星卡拥有三张买一赠一券，玉星卡有一张咖啡兑换券等。最重要的是，星巴克不会生硬地去推销会员卡，而是在顾客需要会员权益的情况下进行推广。比如，当一位顾客打算买两杯咖啡时，店员就会推荐顾客成为银星卡会员，让顾客获得买一赠一券，而对于只买一杯的顾客，他们一般只会询问对方是否有会员。

星巴克的会员制度为顾客提供了十分舒适的用户体验，同时伴随着升级带能提升自身的格调，有效降低了顾客因频繁消费所产生的痛苦感。

那么，实体店如何建立一套优质的会员体系呢？

◎ 设置付费会员的门槛

设置付费会员的门槛，即顾客需要支付一定的金额来获取一定时限的会员资格。比如，花费98元办一张限期一年的会员卡，可享受会员折扣权益。当会员卡到期时，必须通过续费才能再次激活会员卡。

付费的意义在于让顾客在消费之外出现额外的金钱投入，利用损失厌恶心理来提高离开的成本，从而黏住顾客，降低流失率。同时，当顾客再次出现需求时，会第一时间想到这家已经办理会员的店铺，希望通过会员权益将自己投入的钱挣回来。

◎ 会员享受的优惠

会员享受的优惠，即会员权益和新会员礼包。会员权益，是指会员在日常消费中享受的各种折扣以及福利。折扣自然就是常见的"9折""8折"等会员折扣价，需要与非会员顾客进行有效区分，尤其是在店铺举办活动时，全场折扣优惠，会员的折扣应可叠加，以此彰显会员权益。福利包括会员积分兑换、线下活动、节日礼物等会员专享的店铺活动。

新会员礼包，是指顾客首次办理会员可获得的一份礼包，礼包内容可根据实际情况设计，原则在于礼包的价值至少要超过顾客办理会员所付出成本的一半，价值越高越好。比如，美蜂圈的会员注册需支付99元，可获赠300元的新会员礼包，包括纯植物油面膜、洁面乳等。如果礼包价值较低，也要让顾客意识到自己通过一次或几次消费，就能将今天花的钱节省出来。新会员礼包对于付费会员制十分重要，它能进一步刺激顾客接受会员付费，而不会被额外的支出直接劝退。

◎ **会员升级系统**

会员升级系统，即根据顾客的消费或积分情况，对会员的等级进行晋升，不同等级的会员享受不同的会员权益，以激励顾客购买更多的商品来获取更多的优惠，有效提升顾客的忠诚度。比如，将店铺的会员分为四个等级：白银会员、黄金会员、钻石会员、至尊会员，分别对应的会员折扣依次为9折、8折、7折、6折，同时，福利方面也设置不同的内容，体现会员的差异性。比如，会员积分，白银会员消费100元可获得10积分，黄金会员消费100元可获得20积分等。

升级的原则主要参考顾客的累计消费金额和会员卡年限，比如，白银会员想要升级成黄金会员，进店累计消费金额需达到5 000元，黄金会员想要升级成钻石会员，累计消费金额需达到20 000元，且所持会员卡的开卡时长需达到一年以上等。

◎ **会员运营系统**

为顺应数字化时代的发展，会员系统需满足顾客关于简单、便利的消费需求，使用线上线下相结合的方式。比如，将微信小程序和会员系统相关联，顾客在成为会员后可额外得到一张微信电子会员卡，同时可以通过微信了解自己的会员等级、储值金额、积分情况、消费记录、会员权益以及福利等多项内容。

如今的实体店经营十分看重顾客的留存,而想要提升顾客的留存率,就必须和顾客建立一个比较强的关系,会员制恰恰就是建立这种关系最好的方式。

不断制造超预期的惊喜

顾客在消费的过程中存在一个预期值,当消费体验低于预期值时,他们就会感到不满;当达到预期值时,他们就会感到满意;当超出预期值时,就会对这家店产生良好且深刻的印象。因此,实体店不断制造超过顾客预期的惊喜,有助于提升顾客的消费体验以及店铺的口碑传播。

何为预期?简单解释,就是顾客在进店后能够想象到的服务,都属于心理预期之内。比如,你去一家小餐馆吃饭,服务员招呼你落座,为你倒茶、点餐等,如果服务员突然为你的孩子提供了一个免费的儿童冰激凌,你就会感到诧异,并对这家店的好感倍增。但假设你进入的是一家星级酒店,除了冰激凌之外,酒店服务员还提供了甜点、玩具,但你却并不会认为这些服务有多么出彩。两者的根本区别就在于预期,星级酒店的冰激凌在意料之中,而小餐馆的冰激凌在意料之外。

海底捞之所以让顾客印象深刻,关键就在于它提供了很多超出顾客预期的惊喜。比如,美甲、擦鞋之类的等餐服务惊喜,甚至给予了一线的服务员"免单权",当顾客就餐期间出现事故后,服务员可及时利用直接免单的方式来化解冲突,消除矛盾,没有任何拖沓的环节,而这一补偿性的措施就是一项完全超出顾客预期的服务。因为在大多数顾客的认知当中,"免单"这种大事是需要店长或经理点头的,一个小小的服务员根本无法作出任何决定。这些超越顾客预期的服务也是海底捞一经上线就迅速火爆的原因之一。

因此，当实体店的产品或服务解决了顾客的痛点，满足了顾客的需求后，还需要不断地为顾客制造超越预期的惊喜，才能触动他们的情感，加深彼此之间的互动，达到锁客的目的。那么，实体店该如何超越顾客的预期，为店铺的口碑传播创造优秀条件呢？

◎ 提供增值服务

提供增值服务，即在实体店原有服务的基础上提供增值服务。这是超越顾客预期最简单、最直接的方式。增值服务可拆解为两部分："增"，是指额外，也就是提供一些顾客意料之外的服务。比如，一家培训机构每次招生都十分顺利，新顾客大多是由老顾客介绍而来。该机构每次在为学生补习结束后，会免费提供半小时的心理辅导，在学生考试结束后，会对考试内容进行复盘。这些免费的额外服务得到了学生家长的认可，提升了顾客对机构的好感度。

"值"，是指等价服务内容，就是增值服务的价值要尽量接近原有服务。举一个例子，你花20元在小餐馆吃两碗面，小餐馆送给你一支价值3元钱的冰激凌，你会感到惊喜、意外，但如果你住进了2 000元一天的星级酒店，服务员免费为你提供一支价值10元钱的冰激凌就无法超越你的预期。除了顾客主观意识中的价值外，还可以是一些满足顾客需求的服务。比如，培训机构所提供的额外服务是无法用金钱来衡量其价值时，但它却从顾客的需求出发，为顾客设身处地着想。

◎ 差异化服务内容

差异化服务内容，即与众不同，能够制造新鲜感和惊喜的商品或服务。差异化服务内容可以从三个维度出发。

第一个维度，员工意识维度，即类似于海底捞的服务核心，满足一切顾客的潜在需求，在顾客表达需求之前满足需求，内容可以覆盖到接待工作中的一些细节。

第二，行业竞争维度，即知己知彼，百战不殆。无论是产品，还是服务，多了解一下本地的同行，看看它们的特色，然后改进自家店铺，同时需要推陈出新，不可一味地模仿。

第三，店铺维度，即商品的特色、店铺的装修环境等。别具一格的装修风格能有效提升店铺的差异化，让顾客眼前一亮。

◎ 制造惊喜的店铺活动

制造惊喜的店铺活动，即人为制造惊喜，利用消费之外的礼品、活动、优惠福利等内容令顾客产生惊喜感。一种时效性较强的超越预期的方式，活动的间隔时间不宜太短，以免降低活动带来的惊喜感，实体店需要根据实际情况自行决定和设计。

在消费升级的时代，人们越来越看重精神享受，实体店只有不断为顾客带来意想不到的惊喜，才能有效避免其他竞争者对自己的冲击，达到可持续发展的效果。

让顾客感觉你一直欠他钱

你可能会忘记多年前的同学、同事、朋友，但很少有人会忘记那些欠你钱的人，这是人的天性。如果将这种"欠"的思维应用在实体店经营中，往往能够牢牢地锁住顾客，使顾客的复购率大幅提升。

所谓"欠"，可以理解为寄存，将顾客的钱寄存在店铺中，当对方出现需求后可进店消费的模式，在这个过程中，顾客会出现实体店商家欠了自己钱的感觉。简单来讲，就是你去一家便利店买东西，对方找不开零钱，但承诺你下次消费时可将剩余的钱抵现。当你再次想去便利店时，你一定会去这一家店，因为便利店中还有自己尚未花完的钱。

如果将这种模式带入实体店经营中，用来达成"欠钱"意图的方式就是鼓励顾客充值，从而锁住顾客。

"充值"有三个好处。

第一，占据竞争优势。一家实体店的覆盖目标顾客范围有限，但无法保证在这个有限的范围中没有竞争对手。如果顾客选择在自家店铺充值，当对方再次出现需求时，即使竞争对手的位置离顾客更近，顾客也会毫不犹豫地选择你的店铺。同时，目标顾客群体是有限的，尽可能多地锁住顾客，那店铺在同行业竞争中就占据了很大的优势。

第二，快速回笼资金。实体店的盈利不完全取决于商品的利润，还涉及资金的周转速度。比如，你的店铺实力只能吸引200人充值，每个人1 000元，一天时间你就得到了20万的周转资金，你可以利用这些钱来扩大店铺的规格，从而吸引更多的顾客，节约了时间成本，又或者再开一家店铺。

第三，大幅提升消费频率。充值即盈利，当顾客选择充值后，本质上他已经消费完了这些钱，缺的就是不断进店的过程，为了将本质和现实达成一致，顾客在出现需求后会频繁进店消费。充值之所以能够提升顾客的消费频率，在于不可控感，钱已经花了，顾客只能按照规则进行消费，为了避免不可控因素的出现，如倒闭、涨价等，他们会下意识地加速消费的过程。如此，店铺很容易出现一种门庭若市的感觉，从而吸引更多的顾客光顾。

那么，实体店在经营过程中该如何实现"欠"顾客的钱呢？

◎ 顾客筛选

最常见的充值办卡服务一般是美发行业，他们在顾客进店、洗头发、做头发时都会不停地向顾客推荐自家的活动，比如冲多少送多少、办卡可享八折优惠等。这种行为很容易遭到顾客的拒绝，甚至反感，影响店铺带给顾客的印象。因此，充值的顾客需要一个筛选的过程。

尤其是餐饮、美容美发等服务行业，一定要考虑顾客的居住地问题，如果顾客不常在这附近住就很难产生充值的意向，过于强烈的推荐容易使对方心生反感，得不偿失。当对方表示不愿意后，即刻停止推荐。店铺的主营业务不是办卡，而是提供服务。

◎ 推荐时机和话术

只在顾客结账时为对方介绍充值活动，并利用一些服务来诱导其充值。这样做的目的在于最大程度保证顾客在消费过程中的体验，顾客在进店后的关注点往往放在店铺的装潢、商品、服务项目上，活动推荐一般会被顾客下意识拒绝，因为他们根本不想听这些内容。同时，也能有效避免店员因业务而频繁推荐活动，从而使服务质量下降的问题。

在顾客结账时，他的注意力就会集中在价格上，此时再抛出诱饵会起到更好的作用。比如，先生，您一共消费200元，您来得真是太巧了，今天的这顿饭可以免单哦……以利益勾起顾客的兴趣，同时也能通过对方的举止来对充值意向作出判断。

◎ 充值活动内容设计

一些实体店的充值活动没有吸引力，关键就在于充值没有诱惑。比如，充500赠500；办卡可享八折优惠等，这种利益不够明显，不够直接，也就没有强大的诱惑力，完全没有免单、等价兑换等形式带来的冲击力。比如，一家鲜花店，顾客购买了一支99元的玫瑰花，你可以告诉他如果充值200元，即可获得一张鲜花领取券，不花一分钱带走这支玫瑰。免费的诱惑令人无法想象。

关于这种优惠的力度，需要根据店铺的利润率来决定。比如，店铺商品的毛利为50%，你的免单金额和充值金额最高比例为"免一充二"，才能保证不赔钱。就像一支玫瑰100元，净赚50元，只有要求对方一次性充值200元，该充值的收益才等同于单次交易的收益。比例越低，收益越高。

◎ 充值裂变模式

对充值顾客进行管理，提供差异化服务，以刺激顾客主动裂变新顾客，推动实体店业绩提升。比如，已充值顾客如果带来三位新顾客进行充值，可享受一定的优惠力度。具体优惠内容仍需根据收益比例来分析确定。

充值是最有效的锁客手段，但想要达成充值却不容易。因此，在实体店经营过程中，还是需要以顾客消费体验为主，利用合理的方式进行诱导，不可强硬地推销，以免顾此失彼。

服务质量应始终如一

如今的市场环境，实体店面临着十分严峻的考验，只有顺势而为才不会被市场所淘汰。实体店经营中的很多东西都要变，经营思维、获客渠道、经营模式等，但唯独服务质量不能变。

实体店提供的服务，为顾客带来的消费体验是实体行业仅存的优势之一，而实体店需要做的就是尽力去放大这一优势。需要注意的是，服务质量的波动很容易让顾客感受到实体店在服务上的差异化，从而让心中出现不适感，影响店铺在顾客心中的形象。

正所谓"对人纵使千般好，不及一朝无心失"，顾客对店铺印象的好坏有时候就在一线之间。实体店的服务质量出现波动的情况大致分为以下几种。

第一，利益驱使。店铺销售人员根据顾客的购买力提供不同程度的服务，当对方消费能力强，为自己创造的利润大，就热情接待；当对方的消费能力弱，就将服务形式化。

第二，无暇脱身。顾客能够轻易感知店员的情绪，而店员的情绪又能影响顾客对店铺的判断。比如，店铺迎来高峰期，每一位店员都很忙，在不断面对顾客的询问、催促时，很多店员的耐心几乎被消磨殆尽，提供服务的态度也会随着情绪发生变化。就像平时顾客询问时，店员会表示"请您稍等,我帮您问一下",然而在经过高峰期摧残后,就会表示"您等一下吧,我现在很忙,真的顾不过来"。

第三,熟人。当进店的顾客是一位老顾客,与店员十分熟悉时,一些店员会下意识地将他们看作是好朋友,从而降低服务质量。但这种行为在一定程度上也会降低顾客的好感度。

第四,退货、投诉。当面临退货和投诉时,店员的自身利益受到损害,自然无法像平常一样去面对顾客。

在实体店的日常运营中,为了有效避免这些情况的发生,就需要通过一些制度来约束员工的行为,才能使得服务质量处于一个稳定的水平。我们可以适当参考海底捞的服务理念和原则。

◎ 提高员工的服务意识

服务意识,即员工自觉做好服务工作的一种观念或意愿。只有提高员工的服务意识,才能很好地激发他们在工作中的主观能动性,保持一个良好的服务态度。在实体店经营中,可经常对员工进行一些培训,主要包括服务的重要性、服务态度对顾客的影响等内容,让员工了解到服务的作用。

◎ 建立标准化的服务流程

为了规范服务内容,最好建立一个标准化的服务流程,使员工有的放矢。比如,海底捞关于服务就有明显的章程,如热情接待每一位顾客,严禁给顾客脸色看等。这些书面上的规定能为员工的工作提供一个参考对象,同时还能够很好地约束他们的行为。

◎ 服务监督系统

设置专人对店铺的整个服务过程进行跟踪,从而掌握服务质量的好坏。站在顾客的角度，感受店铺提供的服务，发现服务中的一些不足，提出意见并加以改进。同时，对在服务过程中出现疏漏的员工进行问责。

◎ 服务反馈制度

积极向顾客了解店铺服务质量的好坏。当顾客完成消费行为后，店铺的监督人员可请顾客对当前的服务内容作出评价，及时了解顾客的意见和需求，一方面获取员工服务的效果，另一方面也可针对顾客需求改进工作中的不足，提高服务质量。

◎ 积极应对投诉

顾客的投诉意味着在一定程度上对店铺出现了信任危机，因此，对于投诉顾客的服务态度至关重要。在经营过程中，需实现一定的服务差异化，快速稳固顾客的情绪，以帮助顾客重新树立对店铺的信心。

我们需要时刻记住，服务质量需始终如一，无论面对哪些状况，始终如一的服务态度能够让顾客清晰地感受到我们对他的重视。反之，随意、懈怠会影响顾客内心的判断，降低对方的好感度。

定制礼品提升好感度

很多时候,实体店为了更好地扩展业务,维护顾客关系,会为顾客量身打造私人定制礼品,并在一些特殊的日子赠送给顾客,以提升好感度。礼品送得好,不仅能让顾客感受到我们的心意,使双方的关系进一步加强,更有利于后续的营销工作。

一家美容店在十周年期间,为店铺的资深会员定制了一批按摩器礼品。当员工将礼品交到顾客手中时表示:"您平时上班的时候经常坐着,颈椎和背部很容易出现酸痛感,这个按摩器可以给您做一个渗透力很强的按摩,帮您舒缓颈椎和关节上的疼痛。如果您感觉自己用不上,您还可以将它送给家中的老人,人一旦上了年纪,关节疼痛是难免的,有了这个按摩器,他们在不舒服的时候可以随时放松,并感受到您的孝心。"店员的一番话,让顾客倍感亲切。该按摩器的选用经过了调研,了解到该顾客的潜在需求,在沟通时将顾客带入应用场景中,让顾客感受到了礼品的价值。

关于送礼,很多实体店主会产生一个疑问:市面上有各式各样的礼品店,实体店为何还要放弃采购,选择定制礼品呢?核心就在于心意二字,如何让顾客更直观地感受到心意才是关键。定制的第一价值就是独一无二,市面上的礼品无论质量好坏、价格高低,都存在重复的可能,但定制会赋予礼品一种特殊性，让它区别于所有礼品。因此，定制礼品所展现的内涵要比采购礼品多一分重视、多一分用心。当顾客收到我们精心定制的礼品时，无论礼品价值如何，都能够感受到我们的心意。

此外，定制礼品还具备两大优势。

一是定制能给予礼品更高的自由度。市面上的礼品样式再多，终究是一个定式，而定制完全可以按照实体店的需要或顾客的需求来选择礼品的造型、图案和文字。这就意味着我们不仅可以使用顾客钟爱的颜色、图案和造型，还能印上实体店的名称或商标，使礼品在极大限度满足顾客需求的前提下，发挥一定的营销宣传作用。

二是定制礼品的质量有保证。传统的批发和采购礼品，需格外重视质量问题，尤其是网上订购的礼品，更加缺乏保障。但定制礼品，无论是礼品的配送还是质量，都远比批发方式有保证得多。如此就有效避免了因疏漏而更换礼品的尴尬场面，至少会降低这种影响双方合作关系的情况出现的概率，从而减少不必要的麻烦。

由此可见，定制礼品才更适用于维护实体店和顾客之间的关系。那么，实体店在定制礼品时，该注意哪些问题呢？

◎ 礼品定制预算

礼品定制固然重要，但也要考虑预算问题。如果仅凭自己的喜好去选择礼品，那最终的成本支出将是一个庞大的数字。我们要明确一点，不同的顾客所对应的礼品也是不同的，需要根据对方的忠诚度和利益关系来决定预算，不能一视同仁。比如，我们可以按照会员等级进行区分，也可以按照会员年限进行区分等。

◎ 礼品定制方向

礼品定制方向首选满足顾客的某种潜在需求或喜好，比如，美容院的顾客多为女性白领群体，工作中久坐容易出现身体酸疼的情况，而按摩器能有效缓解身体的异样。按摩器就属于满足了顾客的额外需求。

当顾客的需求不明显或超出预算时，可采用替代性定制礼品。主要可分为四类：第一类，商务办公套装，包括水杯、电脑包、笔记本、签字笔、U盘、名片夹等；第二类，家居用品类，以碗、碟、茶具为主；第三类，茶饮美食类，类似小罐茶、藕粉、黑枸杞等知名礼盒；第四类，格调摆件类，没有实质用处，只做装饰之用，如招财猫、木质翻滚万年历、新锦鲤纸质灯等。

◎ 礼品的外包装

包装属于定制礼品的重头戏，一定要呈现出一种高级感，从包装材料的选择、商标的选用、图案文字的种类和样式，都要给顾客一种眼前一亮的感觉。最重要的是，一些礼品上不适合展示实体店品牌的形象进行推广，会拉低礼品的层次，而包装的灵活性要更高，可以更好地添加利于营销宣传的元素。

◎ 定制礼品的制作周期和配送时间

赠送定制礼品需要以特殊节日为由头，才能加深顾客的印象，比如圣诞节、新年、顾客的生日等。这就意味着在定制之前需要了解一些礼品的设计定制周期以及配送的时间，保证自己在规定的时间内能够正常收到礼品，不影响后续的赠送流程。应尽量把定制的时间提前一下，为自己预留出一定的时间来应对可能出现的突发状况。

此外，实体店商家还需要注意所有定制的礼品不可触碰宗教，一些持有某种信仰的顾客对于食物和服饰有着很高的敏感度，为避免产生不必要的误会，在礼品定制时，需谨慎面对这一问题。

用社群思维维系好老顾客

在现实生活中，有一类店铺的经营状态特别稳定，那就是回头客占比较高的店铺。这些回头客身上蕴藏着巨大的价值，相较于直白的引流拉新，省时省力且效果显著。因此，做好老顾客维系是实体店经营发展中不容忽视的一环。

老顾客在顾客群体中占据显著地位，主要得益于他们不仅可以稳定维持店铺的业绩，还在一定程度上属于促进店铺营销推广的角色。比如，老顾客与店铺之间的信任关系更为牢固，只要不出现特别严重的质量问题，老顾客群体更容易对店铺的产品感到满意，从而作出积极的评价，有利于店铺的口碑传播。同时，这种信任关系也使得老顾客在店铺中的消费权重占比较高。更重要的是，维系一名老顾客的成本要远远低于吸引新顾客，这在无形中会降低店铺的运营成本，变相提升店铺利润。这些都属于维系老顾客在营销中的优势。

那该如何维系好老顾客呢？答案就是以社群思维为主导，加强老顾客与店铺之间的联系。一家主营护肤品的实体店长期保持稳定的经营状态靠的就是社群思维，开始时，商家建立了一个名为"战痘群"的微信群，并不断将自己维系的老顾客拉入群中，商家经常在群内分享祛痘的相关知识，偶尔也会免费发放红包和店铺的产品，让群内的成员积极交流。当店铺新上架了一款祛痘产品后，商家举办了一次测评活动，邀请群内成员参与，通过抢红包的方式确定测评资格，赠予中奖成员一个月的祛痘产品，然后鼓励参与测评的成员在群内分享产品使用的心得以及面部皮肤变化。在整个过程中，微信群内所有的成员都见证了祛痘的效果，对该产品纷纷表示认可，甚至有一些人还表达了希望成为代理的意愿。而这个群只是商家多年经营过程中一个微信群而已。

该实体店利用的手段就是搭建社群，社群与商家日常邀请顾客加入微信群在本质上是有区别的，比如，商家在微信群中不停推荐产品，成员经常在群内闲聊等，这种微信群只能被称为粉丝群。而社群是指一群拥有相同价值观或同一目的的人聚集在一起，向某一种目标努力的群体。比如，某些网络游戏中的工会，它拥有会长、管理员等，为了通过某些强大的副本而聚集在一起努力。简单来说，就是社群需要具备一个明确的内核，"战痘群"的内核就是祛除痘痘，护理面部皮肤。社群的特色就在于通过聚集一些属性或需求相同的人，利用一些活动使大家相互认识，并由简单的生理连接上升到情感连接或精神连接，形成一种牢固的关系，从而达到提升顾客与店铺之间黏性的目的。当群内成员不约而同地分享自己的心得，贡献与主题相关的内容时，这个微信群就拥有了旺盛的生命力，这远比商家单方面维持微信群活跃度要有效得多。

因此，所谓社群思维，就是放弃大众群体，即店铺的所有顾客，抓住小众群体，即存在某些需求的老顾客，利用他们高度统一的目标形成强势能，在完成关系维系的同时，实现裂变。同样，这也是社群整体的运营思路。那么，实体店如何将社群落到实处呢？

◎ 建立一个社群

社群的第一要素就是目标，需要商家根据主营产品的属性进行判断，比如，主营产品为电脑，社群主题就可以为"电脑装机"，主营产品为化妆品，社群主题就可以为"妆容"等。这些产品可以明显地判断出顾客的需求，就容易细化。但像一些餐饮之类的店铺，社群就可以以"美食新品内测""优质VIP顾客"为主题。

在明确社群目标后，就可以寻找对此感兴趣的老顾客，第一批成员数量少没关系，只要社群中的内容令这些基础成员感到满意，后续就可以通过商家邀请或老成员发展，使社群壮大。

◎ 老顾客的筛选标准

老顾客没有明确的定义，很多实体店商家也习惯将一些眼熟但不常见的顾客归纳为老顾客。在搭建社群时，可以将具有以下两种特征的老顾客归为最高优先级：第一，复购率较高或消费金额较高，此类老顾客能够为店铺带来显著的业绩提升；第二，对店铺和产品的评价高，评价高意味着认可度高，此类老顾客在社群中能够起到积极的引导作用，有一类老顾客频繁在店铺内消费，却会时常抱怨店铺产品的价格和质量，这些顾客则不宜拉进群内。

◎ 社群的维护工作

主要包括产品的制作过程，如产品设计、原料、制作工艺；分享产品相关的专业知识；收集老顾客的反馈，了解他们的需求；举办一些有趣的活动，如优惠、内测、产品评比、线下活动等。总之，一方面要保证社群服务的价值性，另一方面还要提供一定的优惠力度。

维系老顾客是一项长期的工作，不要妄想立马见到效果，尤其是不能将店铺销售额作为衡量依据，关键还在于老顾客的流失和回购问题，并根据实际情况进行调整才是最佳的运营方式。

始终都要以顾客为中心

所谓以顾客为中心,就是一切的出发点都是为了顾客,站在顾客的角度来看待问题、处理问题。大多数实体店商家都明白这个道理,但施行起来却总是差强人意,问题的关键就在于这些商家根本就没有由上至下地渗透以顾客为中心的理念。

真正的以顾客为中心,就是当顾客有需求时,店铺能够在最短的时间形成响应,以满足对方的需求。这就需要从商品、管理、服务三个方面去落实,由上至下地渗透以顾客为中心。

◎ 以顾客为中心的商品

顾客进店消费是为了满足需求,而商品是满足需求的关键,一旦商品本身出现质量问题,提供再好的售后服务都是徒劳,顾客势必会对商家产生不满的情绪。因此,商品首重质量。在采购原料和商品入库时,需要保证质量过关,严格进行检验。在生产过程中,严格按照操作工艺执行,不放过任何细节。对于质量的重视需要从店铺负责人开始,由上至下树立这种意识,让所有人都感受到质量问题与自身利益息息相关。

此外,商品的陈列也需要便于顾客浏览、拿取。比如,一些商品品类较多的实体店,一定要做好商品分类,最好设置专区,让顾客看着清楚;商品在货架上的摆放,轻物在上,重物在下,方便顾客拿取,同时也起到安全预防的效果;保证货架干净整洁等。

◎ 以顾客为中心的管理

将实体店的所有员工视为一个团队,去优化店铺的管理制度,使一线员工能够不被某些规定所限制,更好地满足顾客的需求。切勿让员工处于对上以领导为中心,对下以顾客为中心的尴尬处境。

优化管理制度主要是调整负责人关于管理和控制的思维,可以通过岗位轮换实现,将上下层级的员工进行岗位轮换,感受在日常工作中遇到的关于制度方面的某些不适当的限制,从而实现优化,以提供更好的服务。

◎ 以顾客为中心的服务

服务以顾客的需求为导向,以贴心周到为标准,主要包括热情的服务态度、想顾客所想、超越顾客的预期、把握人与人之间的分寸感等。

贯彻以顾客为中心理念的关键在于实体店老板或领导应反思领导的定位,打破固有思维,实现由上至下共同为顾客提供满意的服务的目标。

第九章

做好财务管理，是长久盈利的根本

让收银效率提高30%的收银系统

无论是餐饮店还是零售店,店铺的收银效率在一定程度上会影响顾客的消费体验。当结账或排队的时间过长时,顾客会变得烦躁,随之便会降低对店铺的好感度,下次再来光顾的可能性几乎为零。因此,选择一个好的收银系统能够极大地提升收银的效率,同时还降低了人工成本。

随着线上支付的兴起,越来越多的人开始使用微信和支付宝进行购物付款,生活中一些实体店的收银台上经常出现这两种线上支付工具的二维码,当然,这种支付方式的确为实体店商家的收银提供了一定的便利性,但依旧不够完善,在面对所有顾客群体时仍存在局限性,因为不同地域、年龄阶层的顾客的消费习惯存在差异性,比如,年轻人可以熟练地使用移动扫码支付,但老年人还是会采用现金支付的方式,甚至还会遇到一些特殊情况,如习惯刷银行卡消费的群体,实体店在收银时还是要区别对待。更重要的是,当实体店的顾客越多时,顾客选择的支付方式也就越多,这就容易导致实体店线上、线下的支付数据得不到完全的统计,不利于后期的财务核算,而收银系统则可以完全解决这些问题。

收银系统是为实体店经营提供信息化支持的一套系统，其中还包含了收银、商品、会员等一系列功能。比如，在收银方面，收银系统会配备收音机、扫描枪、小票打印机等多种硬件设备，通过系统对商品的自动识别来加速收银过程，提高效率。同时，它还支持现金、微信、支付宝、银行卡、会员卡等多种支付方式，几乎可以满足所有顾客的支付习惯，实现多元化支付。

在日常管理方面，收银系统可以提供十分完善的仓储管理系统，在采购入库时将所有商品进行录入，就能随时了解每一种商品的存货数量，避免了定期盘点时，员工亲自抄写商品名称、数量，再一一进行核对的救世烦琐且容易出错的工序。

在数据统计方面，收银系统会记录每天的营业额，售出的商品以及哪些商品的销量最好，哪个时间段客流量最高等，这些信息能够为实体店后续的经营优化提供数据基础。同时，商家在了解到销售信息和库存信息后，也可以及时地进行补货，而且系统关于补货商品种类、数量、时间段都能作出提醒和建议，以供商家参考。这些数据都采用云端储存模式，能够有效避免数据丢失的情况发生。

在营销方面，收银系统支持多平台互联，实现了线上和线下的结合，一些类似美团、小程序等线上预约、消费等信息都会进入收银系统中。最具特色的就是会员管理功能，收银系统中的会员管理模块能帮助商家记录会员信息，并对会员的消费习惯和行为偏好进行记录分析，便于商家在后续提供针对性的服务，促进会员消费。

由此可见，收银系统是实体店商家在经营过程中不可或缺的一个助力。那么，实体店商家在选择收银系统时需要注意哪些事项呢？

◎ 功能适用性

不同的收银系统存在不同的功能属性，实体店商家可以根据自家日常的业务层级进行选择。一些中小型实体店，商品单一，日常业务简单，就可以选择功能相对单一的收银系统，比如，只满足收银、采购、销售、库存这些基础功能，包括支持快速录入商品资料、支持多元化支付方式等。而一些商品结构复杂，或者门店规模较大的实体店就需要采用更加完善的收银系统，比如，能够利用日常销售数据指引门店调整商品结构、清理库存，甚至在合适的时间做一些引流活动，或者利用大数据技术对日常经营进行监控，及时给出数据反馈。

不同类型的收银系统价格也不同，涉及实体店商家的成本问题，需要商家根据实际情况自行选择。

◎ 操作简单

收银系统的操作一定要简单，收银步骤越简单越好，需要保证任何类型的员工都能快速上手，提升实体店的收银效率。如果操作步骤过于烦琐，会极大地影响收银的效率，这一点对于零售店来说十分重要。

◎ 选择正版收银软件

选择正版收银软件的目的在于享受售后服务，无论功能多么丰富、运行多么稳定的软件，难免会出现漏洞，当收银系统在使用过程中出现问题时，商家可以及时联系售后人员解决这些问题。千万不要贪图一时的便宜使用盗版软件，这些软件一旦崩溃，就会丢失所有的数据，而且也没有专业的团队对其进行修复。

当下受欢迎的收银系统有京东支付、HiShop友数、商米、闪收、银豹、思迅等，这些品牌适用于所有的实体店，但每个品牌的价格和功能都不同，具体哪款收银系统最适合自己，还需要实体店商家自己来判断。

要控制费用，先做好成本核算

成本核算，是指将某一段时间内实体店在经营过程中所产生的费用，按照其性质进行分类汇总，计算出该时期内生产经营的总额以及单一产品的实际成本，并加以控制。简单来说，成本核算类似于盘账，但能通过一些数据暴露出更多经营中的问题，因此，实体店想要控制经营的支出费用，就需要重视成本核算。

成本是实体店经营中一切支出的总称，包括采购费用、店铺租金等，但实体店在进行成本核算时，需要忽略固定成本，如租金、水电费、员工工资等，主要是因为此类成本无法控制或不易控制，而控制才是成本核算的唯一目的。

以一家餐馆为例，它的成本核算需要针对餐馆的菜单、原料的价格等诸多方面，一般需要在经营一段时间后才能更好地了解餐馆的营业收支、产品质量、员工管理以及顾客意见，从而通过调整使后续的经营更加合理。

第一步，建立经营日志。经营日志一般包括日报、顾客意见册、员工管理、用具损耗、采购记录、库存记录等一系列能够提供经营数据的报表。其中，员工管理属于一个特殊项，由于餐馆的菜品主要是由员工按照一定的标准进行量化生产，偶尔可能会出现一些操作失误的情况。所谓管理，就是指在一定程度上约束员工，以提高他们在操作过程中的精准度和精致度，减少不必要的损耗。

第二步，针对客流量进行有效采购和生产。餐饮类成本中最不好把控的就是原材料成本，比如，某一道菜使用的原料品种多、价格差距大、用量不同。为了更好地核算，一般的材料需要按照月初采购、月末盘点的标准，适时补充，而一些对新鲜度要求较高的原料，就需要每日采购，以保证餐馆的供应，避免原材料不及时的情况。总之，要使餐馆的经营处于一种火热的状态，以免因某方面的疏忽导致数据错误。

第三步，原材料的库存管理。当原材料采购结束后，按照相关标准进行记录、入库，以先进先出为原则进行利用，并派遣相关员工对仓库的环境以及原材料状态进行监督，最大化减少原材料的损耗。同时，约束员工的行为，避免在经营过程中过量消耗成品和原料，比如，餐馆后厨工作人员和服务员频繁偷吃油炸花生米，就会导致原料数量和销售数量两者之间存在很大的漏洞，造成某些数据不准确的情况。

第四步，月末统计以及经营成本对比。经过一个月的记录，月报中的数据可以精准地呈现出当月不同类型菜品的销量排名，餐馆负责人就可以了解到哪些菜品卖得火爆，哪些菜品无人问津，哪些菜顾客给了好评，哪些菜顾客给了差评。此时，就涉及原材料成本控制问题，通过月末剩余原材料的数量以及销量排名，可以将某一部分原材料纳入控制范畴，减少采购数量或放弃。

第五步，其他损耗记录。原材料之外的设备、用具等物品出现损耗，也会进入采购名单中。比如，一些盘子、杯具被服务员、顾客打碎，一些精巧的装饰小物件遗失，一些设备因操作不当损坏等。

最后，就是针对成本核算中浮现的问题进行调整。比如，在月末成本分析中，花生米的经营额与上月相同，但原材料消耗却远高于上个月，那么，这些消失的成本究竟去了哪里呢？结合现实因素，花生米的去向大致有三个：第一，员工带出或偷吃；第二，掌勺师傅操作不当；第三，存储期间出现霉变。这三种情况都会呈现在日志中，餐馆负责人就能清楚地了解到损耗的情况并针对问题的原因进行改善，达到控制成本的目的。

又比如，餐馆内一些玻璃、瓷质器皿打碎、遗失的问题，在用具入库和盘点时，所有用具的数量都会记录在册，经营过程中出现的损耗由于损耗记录的存在，方便定责，以更好地控制成本。如由员工造成的损失，餐馆和员工各负一半责任，顾客造成的损失由顾客负责，自然损耗问题由餐馆负责。如此，就避免了所有损耗全部归结在餐馆上。此外，成本核算中出现的顾客意见册、日常顾客反馈中的信息都能作为分析某一些产品销量差的原因，以便后续的改善和调整。

实体店的成本核算涉及了经营中的诸多环节，有时候小问题也能够暴露出大缺陷。做好成本核算不仅能够有效控制成本，还能为实体店经营给出一些良好的改善意见。

别小看发工资这件事

人员流动过大是一些实体店经营状态不佳的重要因素，而影响人员流动的原因并非离职人员口中的环境、发展问题，薪酬才是关键。因此，无论实体店规模大小，千万不要小看发工资这件事。

薪酬体系主要包括薪酬结构、薪酬水平、薪酬构成三部分内容，能否留住员工，关键看这些内容是否合理。

◎ 薪酬结构

薪酬结构所针对的是员工创造价值的方式，常见的结构有岗位工资制、技能工资制、绩效工资制。岗位工资制，是指按照员工的岗位来确定工资标准，不同岗位员工的工资也不同。该结构适用于分工明确且岗位能力差距不大的实体店，比如，餐馆中的员工可分为厨师长、掌勺师傅、配菜、服务员、大堂经理等，不同岗位的员工工作内容不同，就适合采用岗位工资制的薪酬结构。

技能工资制，即员工的工作内容相同，但技能水平越高，为实体店创造的价值越高，不同技能水平的人拥有不同的工资标准。该结构适用于主体为服务的实体店，比如，美发店里同样是美发，在价目表中会出现技师、高级技师、总监等不同价位的美发服务，它们所代表的就是技能水平。只有采用这种突出个人能力的薪酬结构，才能留住同岗位中优秀的人才。

绩效工资制，即通过员工所创造的价值来确定薪酬。多见于带有销售性质的员工岗位，比如，服装店的店员，相同的岗位，相同的工作内容，推销出去的服装越多，工资也就越多。

三种薪酬结构体现了员工在不同环境中最公平的工资模式，但在实际运用中，不必拘泥于某一种薪酬结构，可以将两种或三种进行有效结合，以形成最合理的薪酬结构。

◎ 薪酬水平

薪酬水平主要针对两点：外部竞争力和内部公平性。所谓外部竞争力，是指实体店提供的薪酬与当地薪酬水平相比的优势，足以提起求职者进店打工的兴趣。要么是提供高于或持平于当地同类产业薪酬水平的工资，要么是工作时间、工作强度低于竞争者，福利方面高于竞争者，如工作环境、住宿环境等。

内部公平性就在于薪酬的透明度，一些店铺或企业严禁分享讨论薪资问题，就是由于一些员工的付出与回报之间不成正比，容易导致员工对薪酬的满意度降低。但这种对薪资问题的讨论是无法避免的，因此，实体店就不如通过合理薪酬体系使薪酬绝对透明，让所有员工都可以进行投入产出对比，以感受到实体店内部的公平性。

◎ 薪酬构成

实体店的薪酬构成可以设计为基本工资、岗位工资、工龄工资、绩效工资、福利等五个部分。其中，基本工资是指实体店每月固定支付给员工的工资部分，以保证员工日常所需，只参考员工的出勤率，不与实体店经营情况挂钩。

岗位工资是针对不同岗位、不同技能水平所设计的工资部分。比如，美发店中的洗头小哥的岗位就是助理，对应的岗位工资是800元，技师的岗位是发型师，对应的岗位工资就是2 000元，高级技师的岗位同样是发型师，但他的岗位工资就是4 000元。岗位工资只参考员工的出勤率和岗位。

工龄工资属于实体店为老员工提供的一种额外福利，以稳定员工队伍。一般员工入职满一年后，获得50元至100元且逐年递增的工龄补贴。工龄工资只受工龄影响。

绩效工资可以分为个人提成制和团队提成制，个人提成制适用于突出个人业绩的岗位，比如，推销员、店员这类员工的绩效工资与个人销售额、提成比例挂钩，员工卖得越多提成越高。同时，还需要给此类员工设置一个目标值或者梯形提成比例，以刺激推销热情，比如，当月完成10万销售额，提成才生效，或者当月完成10万销售额，提成比例为5%，30万销售额为8%，50万销售额为10%等。其余岗位的员工就可以使用团队提成制，当月实体店的营业额提升时，员工会获得一定的绩效工资。

福利是指全勤奖、高温补贴等一系列补贴，实体店可根据实际情况进行选择。

实体店为员工发工资看似是一件小事，但如果采用的薪酬机制合理，不仅能减少人员流失，还能极大地提高员工的工作积极性，为实体店的经营发展打下良好的人员基础。

做好商品的损耗管理

商品损耗，是指商品在运输、保管、销售过程中出现的自然损耗，导致商品出现一定的贬值，无法达到预期盈利的情况。就像水果店进购了一批水果，原本可以盈利1 000元，但由于在运输过程中，大部分水果受到了磕碰，只能低价促销，实际盈利200元，其中盈利值的差距就是商品损耗。很多时候，商品损耗是成本支出的一大部分，因此，实体店商家一定要做好商品的损耗管理工作。

商品的损耗根据具体的情况可分为四类：经营损耗、管理损耗、人为损耗、不可抗力损耗。其中，经营损耗是由经营者对市场的判断失误，经营不善导致的。比如，商品结构不合理，实体店盲目引进新品，但市场吃不下这批新品，销售不顺利，导致积压大量库存，等到不得不进行清理的时候，商品损耗就发生了。又或者补货量不科学，一款商品起初销量可观，大量补货后导致供过于求，商品滞销，造成损耗。

管理损耗，是指实体店在进购、销售、库存等环节中，由于管理不善或操作不当出现的商品损耗。比如，验收失误，由于在收货时对商品的品质疏于把控，致使对那些不符合验收标准的商品予以收货，如生产日期、保质期、运输过程中出现破损的情况等。又或者管理或操作不规范的问题，如遗忘近期的滞销品，未按照先进先销的原则销售，结果导致库存商品过期处理。或者一些需低温、干燥保存的商品由于陈列场所不当导致变质等。

人为损耗，是指实体店商品出现丢失、人为破损的情况。比如，内部员工自盗、顾客偷盗、顾客损坏陈列商品、顾客退换货造成的破损等。

不可抗力损耗，是指一些生活中的突发情况，如台风、地震、火灾等自然灾祸，或者由于实体店内设备故障产生损耗，如制冷设备损坏，在抢修阶段一些需低温保存的商品出现变质的情况。此外，还有一些虫、鼠撕咬破坏的情况，都属于这一类损耗。

商品损耗一般不会使实体店铺遭受肉眼可见的亏损，但它却会在无形中降低店铺的营业额，吞噬店铺的净利润。如果不加以管控，任由其发展，经年累月之下，这种商品损耗带来的利润流失将是一个天文数字。那么，实体店在日常经营中该如何做好商品的损耗管理呢？

◎ 提升管理人员的业务能力

实体店的负责人需要对市场有一个清晰的判断，能够适时调整、优化实体店的商品结构，如此就能有效减少库存压力过大，避免断、缺货的情况的发生。同时，负责人还要能够根据以往年、季、月的销售数据，为实体店计算出最佳的陈列量和补货量，减少退换、积压的情况，最好是建立一个以销售为基础的订货、补货系统，利用大数据来降低库存管理难度。

◎ 强化店铺管理秩序

实体店管理损耗的根源在于缺乏明确的规章制度，足以细化到各个环节的流程以及操作规范。实体店可以完善商品管理标准，出台明文规定，如商品验收、保存、运输、陈列、销售、退货等各个环节的操作规范，让每一位工作人员能够按照标准去完成日常的工作，减少由自身经验不足导致的损耗。此外，对于不同品类的商品，还可以采取特殊的管理方案，以保证商品在店的品质不会被破坏。

除了完善管理秩序外，实体店还需要重视关于操作规范的专业培训。如果实体店人员流动性过大，最好建立一套完整的新员工培训体系，减少新员工因经验不足造成遗忘、疏漏等情况。

◎ 完善安防系统

1. 加强对实体店关键区域的监控，通过威慑作用来预防偷盗情况的发生，同时也能够有效处理一些顾客故意破坏商品的不道德行为以及意外情况。

2. 加强收银通道的管控，人工区的收银员需注意顾客是否存在夹带的情况，及时对一些顾客作出提醒。自助收银区需安排专人管控，一方面可以帮助顾客使用收银机，另一方面也可以起到监督的作用。

3. 不定期对整个实体店的商品进行判定，及时掌握店铺的损耗数据，并针对各类损耗情况作出分析，了解问题的关键以便后续的调整。

4. 加大监守自盗的惩罚力度，对发现盗窃问题的员工给予奖励，同时做好相关法律普及，让新老员工及时了解问题的严重性。

　　实体店的商品损耗无法避免，它并不只是通过几句话、几个措施就能完全规避，只有改变全员的观念，提高全员的防损意识，配合新科技的防控手段，才能最大限度地降低商品的损耗。

水电消耗的管控和节约

实体店在很多方面都有支出，像人工成本、租金成本、进货成本等，但像水电这种能源成本往往最容易被实体店商家所忽视。即使再低的成本消耗，在日积月累的情况下也会变成一个大数目。但如果加强对各类能源的管控和节约，实体店将大幅减少成本支出，从而使利润得以提高。

大多数实体店的主要能源消耗为电力，通过控制空间的照明、温度等因素为顾客提供最佳的消费体验。比如，餐饮行业和食品行业，超过70%的能源消耗是专用于制冷或控制储存温度；而时尚行业，如服装店、首饰店，对照明存在强烈的需求等。

想要实现对能源消耗的管控和节约，实体店首先需要进行能耗分析，来判断能源效率，主要有两种方式。

第一，实时测量能耗，所有设备在能耗方面都具有一个标准值，通过大量的观测数据能够有效判断设备是否存在过时、老化的问题，比如，一些商场的照明设备以卤素灯为核心，主要应用在天花灯和格栅灯上，但此类灯具的发光效率和利用效率都十分低下，此外，卤素灯的发热量也会加重空调设备的负担。

第二，同类店铺能源损耗比较，一张能源消耗账单并不能让实体店商家意识到自家消耗是多是少。与多个同类店铺进行能源损耗比较，就能发现自家店铺是否在能源控制方面存在疏漏。比如，拥有相同灯具、设备的两家店铺，在能源损耗方面差距较大，这就涉及照明开闭管理和峰谷用电的问题。如果制定完善的设备运行管理条例，就能在电源开关方面减少不必要的浪费。

在完成能耗分析之后，实体店商家就可以根据分析报告针对性地实施措施来实现对能源消耗的管控和节约。

◎ 更换节能设备

无论是电器、炊具，还是用水用具，只要实体店的能耗出现异常情况，就需立即将其替换成节能设备或者逐步替换。虽然购买、安装节能设备会出现一笔成本支出，但后续的节约效用将远大于该成本支出，实体店商家切不可被眼前的利益所蒙蔽。

比如，一家商场将店铺全部的传统日光灯换成了新型节能灯，整体的改造费用为2万元，但节能效果显著，经过四个月的运转，节能灯所节约的成本支出与改造费用持平。如果改造的规模较大，可延长改造的时限，在享受节能带来利益的同时不断扩大改造规模，直至全部完成。

◎ 施行节能措施

1．对实体店内外照明灯具的开闭进一步细分，制定详细的启闭时间，以保证店内外光照为前提，关闭不必要的照明，空调等设备也是如此，根据天气状况和温度制作详细的开闭制度。需要实体店负责人进行实地考察，对店铺每日用电的高峰低谷进行统计，为节能措施提供事实依据，提高措施的合理性。

2．关于大型制冷设备的应用问题，规模较大的门店在使用大型冷冻冰柜时，可在适合的时间切断电源，以加盖棉被等措施保持温度，减少能源消耗；规模较小的门店应放弃小型敞开式冷冻卧柜，使用一体型封闭式可移动冷柜,一方面可减少制冷设备的维修费用,另一方面也降低了因设备故障造成商品损耗的情况。

3. 如果门店存在峰谷电价的情况,大型能耗设备在不影响经营的前提下,可在高峰期关闭,在低谷期打开。比如,一些店铺会用到制冰机,就可选择在晚上12点之后制冰,以减少能耗。

◎ 提高节能意识

主要针对实体店员工的节能培训,让所有员工有意识地进行节能减排,比如节约用水,随手关灯等。或者建立相应的奖惩制度,以奖为主,以惩为辅,提高员工的主人翁意识,将节能纳入月度的绩效考核中。

能源消耗的管控和节约,主要还是集中在设备方面,从根源上提升能源效率。只有在设备无法变更的情况下,才侧重于措施和意识的制定、培养,否则单纯地以行为来管控能耗,一方面效率低下,另一方面也存在压榨员工的嫌疑,不利于店铺的经营发展。

销售报表这样看

很多实体店商家只是单纯地将销售报表作为判断店铺盈亏的依据，而并没有深入了解它所传递的各种信息。但实际上，销售数据暴露的不仅是实体店的盈亏状况，还有店铺经营背后存在的各种问题。

实体店进行销售数据分析有三个好处。

第一，及时掌握商品销售以及市场顾客需求情况的变化，通过顾客对营销的反应，迅速调整现有的商品组合结构、商品价格，提高商品周转力，最大限度地降低库存的压力。

第二，判断营销计划的执行结果。通过销售数据分析，实体店商家可以清晰地了解到销售计划的完成情况，有助于发现工作人员在营销过程中存在的问题，以便及时予以纠正。

第三，维持营销系统的运转。实体店经营的每一个环节都与数据息息相关，一旦缺失数据就很容易导致货品信息不准确，阻碍正确的管理和货品的调配。

那么，实体店该如何进行销售数据分析呢？主要有以下几种指标。

◎ 总销售额

总销售额反映的是店铺生意的走向，需要与往期销售数据和同类竞争对手的总销售额进行对比，根据结果做出相应的判断。比如，当总销售额与往期销售数据存在较大差距且与同类竞争对手的波动一致时，就属于外界因素干扰，如市场变化、季节因素等。这数据有利于实体店商家分析市场以及淡旺季的规律。

如果总销售额与往期销售数据差距不大，但与同类竞争对手存在较大差距时，问题就出现在实体店内部，需要通过各种数据加以判断，并及时做出调整。

◎ 畅滞销品排名

盘点周期内畅销和滞销的前几名商品，了解畅销和滞销的原因以及每种商品的库存情况，一方面，为畅销品设置库存安全线，以便及时进行补货或寻找替代品。同时，可以指示员工将畅销品搭配平销品和滞销品进行销售，以带动店铺内所有商品的流动。另一方面，分析滞销的新卖点，对工作人员进行销售技巧培训，促进商品销售，同时调整滞销品在店铺内摆放的位置，避免让它们处于不容易看见的地方，如店铺内的角落，货架的顶层等。同时，还要积极准备促销方案，避免滞销品的长期积压。

◎ 连带率

连带率=销售数量/销售单数，正常标准为1.3。连带率是判断工作人员商品搭配销售能力的依据，如果数值低于1.3，店铺就需要调整相关联商品的陈列位置，将可搭配的几款商品摆放在相邻的位置，以便工作人员进行关联销售。

个人连带率=个人销售数量/个人销售单数，正常标准为1.3。如果数值低于正常值，就需要对某些员工进行推销培训，以提升他们的推销能力。

第九章 做好财务管理，是长久盈利的根本

◎ 坪效

坪效=总销售额/营业面积/周期天数。坪效能反应店铺的生产力，当坪效稳步提升时，就意味着扩大营业面积就能提升总销售额，当坪效降低时，就意味着工作人员能力不足或者商品陈列不当、搭配不当。

◎ 客单价

客单价=总销售额/销售单数。客单价反映了店铺顾客的消费水平，用价格低于平均单价的商品来吸引顾客，用价格高于平均单价的商品来针对推销，采购时多增加与平均单价持平的商品。

◎ 存销比

存销比=库存件数/周期销售件数。存销比过高，表示库存总量或结构不合理；存销比过低，表示库存不足。月存销比大概维持在3～4属于良好状态。

◎ 会员占比

会员占比=会员销售额/营业额。会员占比反映的是店铺会员的消费情况。一般情况下，会员占比在45%～55%为最佳，该数值表示店铺的业绩相对稳定。当数值低于该区间时，就表示会员流失，或者市场认可度不高，店铺服务较差；当数值高于该区间时，就表示开发新顾客的能力较差；当数值先高后低时，就表示顾客流失严重。

◎ 人效

人效=周期销售额/店铺总人数/周期天数。人效反映了店铺工作人员整

体的销售能力和人员配置数量问题。当人效过低时，需要分析是工作人员的销售技巧欠佳，还是人员搭配有问题。在进行调整时，可以在每个时间段分别安排销售能力较强的工作人员，或者将工作人员安排在他擅长销售的商品上，以提高人效。

  实体店在经营过程中需重视销售数据分析，及时发现问题，做出调整，以保证店铺业绩的稳步提升。

第十章

产品经得住考验，实体店才有生命力

严格的品控把关才是立店之本

品质是实体店的立店之本，同样也是一家店铺屹立不倒的关键。严格的品控管理为顾客的消费体验提供了保障，为实体店后续的生存和发展奠定了信任基础。因此，一家实体店想要做好，品控把关必不可少。

商品或服务的质量，是实体店经营中最关键的一块基石，如果它被腐朽、风化，那任他万丈高楼，也难逃倾覆的结局。生活中因质量问题倒闭的实体店比比皆是，即使再大的品牌也抵不住一次信任危机，就像曾经凭借中西结合餐创意火遍长沙的金角牛王，就被一块"假牛排"绊倒，将十多年经营的口碑和形象摔得粉碎。金角牛王能够在餐饮壁垒极高的长沙崛起，其实力自然不容小觑，但2016年的一则"牛排掺鸭肉"的新闻直接将它拉下了神坛，即便后续几年中一直尝试转型，金角牛王也再难重塑辉煌，店铺纷纷停业。

对于实体店，商品质量一直是店铺或品牌的生死命门，尤其是餐饮行业，一旦触及食品安全问题，就意味着店铺被判了死刑。海底捞的创始人张勇在交流会上谈及食品安全问题时就表示，海底捞只有两种"死法"：一种，就是企业管理出现了问题，可能会苟延残喘几个月或几年的时间；第二种就是食品安全问题，今天出现，明天就会关门。张勇的话并不是危言耸听，商品质量问题影响的不仅是当事人的消费体验，最重要的是店铺的口碑和形象，该事件会对店铺在大众消费者心中建立的信誉度造成很大的冲击，使店铺后续的生存和发展变得举步维艰。

严格的品控把关在一定程度上抹除了店铺出现信任危机的风险，同时也有利于店铺的风评。比如，以"任性"著称的太二酸菜鱼，经常出现酸菜用完就打烊、专供鲈鱼断货就停业等现象，看似任性的举动其实是对菜品品质极致的把控，从不凑合。它的每一次停业都像是在说："我绝不糟蹋我的招牌菜，绝不辜负每一位顾客的味蕾。"这种对产品的极致追求成了太二酸菜鱼制胜的法宝。它的任性停业非但没有让顾客抱怨，反而好评如潮。

实体店在经营过程中出现大量的质量问题，一般都是由经营职业道德素质不高引起的，也就是抱有侥幸心理或者喜欢投机取巧。我们一定要明白一个道理，实体店经营不是一锤子买卖，投机取巧获得的利润甚至比不上质量问题造成损失的百分之一。因此，在实体店经营中一定要重视品控，具体可参考以下几种方法来把握店铺的质量问题。

◎ 员工职业素养培训

首先实体店经营者需要对品质的影响有一个深刻的了解，从内心对店铺的质量问题提起重视，为后续的员工培训工作起到模范作用。关于员工的职业素养培训，主要包括专业技能培训、法律法规以及责任意识，让所有员工重视质量问题，且所有的员工需经过审核才可上岗。

◎ 优化奖惩制度

利益是推动经营者投机取巧的关键，同样也是刺激员工忽视质量问题的因素。比如，店铺的销售人员按照订单拿提成，他只关心自己卖了多少产品，而不去考虑产品是否存在质量问题。如果将质量问题造成的事故绑定责任人，就能够在消费环节增加一道检验工序，保证产品的高质量。

◎ 成立督检机构

如果实体店的规模较大或者拥有很多分店，就可以像星巴克、麦当劳一样成立专门的督检机构，不定时地对每一个店铺进行专项巡检，同时在每一家店铺中设立一个质量安全管理人员，专门负责店铺的质量问题，对全体的员工起到监督的作用。如果店铺规模较小，则由店铺负责人负责这方面的工作。

诚信是经营之本，品质是立店之本，一个店铺如何能够在竞争激励的市场中屹立不倒，唯品质而已。把握市场发展趋势，死磕产品质量，才能在变化无常的市场中获得成功。

爆品必须让人记住

中国的百年老店都有一款"招牌菜",如全聚德的烤鸭、内联升的布鞋等,正是这些超级单品才让店铺在漫长的岁月中得以生存下来。因此,在实体店经营中,打造爆品的环节必不可少。

爆品就像是店铺或品牌的一个标签,当顾客提及一款商品时,脑海中立刻就会浮现与该商品联系最紧密的品牌或店铺。这种联想在一定程度上影响着顾客的消费决策,同时,对实体店的宣传推广也有着不俗的效果。

黄记煌就是凭借一道"三汁焖锅"快速走红的餐饮品牌,横空出世后在餐饮市场中大杀四方,获得了"靠着一道菜年入20亿"的评价。三汁焖锅以无厨师、无厨房、无油烟为特色,这种创意烹饪方式吸引了很多消费者的关注,众多口味也使得该产品的受众广泛,受到了消费者的热烈追捧。从2012年开始,黄记煌开始以每年120家门店的速度进行扩张,覆盖了全国200多个城市。

反观那些没有爆品支撑的实体店铺,缺乏明显记忆点会使店铺在不断推陈出新的市场中逐渐被消费者忽略、遗忘,直至被市场淘汰出局。

那么,实体店该如何打造一款经典爆品呢?

◎ 风格突出的店铺名称

在店铺名称上彰显实体店特色或爆品。比如，太二酸菜鱼、洞庭土鸡馆等，这些店招在顾客看来，一眼就能了解这家店的主营菜品是酸菜鱼、土鸡，同时，该店铺名称也更容易被记忆。

过于大众化或奇特的店招很难快速吸引大量的目标顾客。比如，过桥米线。街头巷尾的米线店很多，如果店铺名称没有突出自己的特色，就不容易被路过的顾客记住。如果改成"只卖砂锅米线"之类的名称，将更有辨识度。

◎ 保障顾客的消费体验

无论店铺面对什么样的情况，带给顾客的消费体验不能出现较大的变化。

比如，三汁焖锅的创始人在接受采访时表示，三汁焖锅这道菜对原材料和配料有着严格的要求，当所需的部分原料涨价后，一些店铺在烹饪时就不会完全不放涨价的原料，或者按照自己的想法进行调整，这种操作是不允许的，公司为此设置了严格的制度。太二酸菜鱼也是如此，当鲈鱼产地遭受台风导致新鲜鲈鱼无法到店时，太二酸菜鱼就选择了停业。这种态度既表明了店铺对产品的极致追求，又最大限度地保障了顾客的消费体验。

◎ 相对价格策略

高性价比是爆品的一种特性，实体店在爆品打造过程中就可以利用相对价格策略来突出高性价比，让顾客感觉自己占了便宜。相对价格策略是指爆品在定价时可以采用直接降价和变相低价两种方式。

比如，最初的拉面卖10元一碗，经过改良创新之后卖8元一碗，这就是直接降价。如果改良后的拉面中牛肉分量变大或者送一碟小菜，但也卖10元，这就属于变相低价。这种价格策略没有固定的模式，需要给顾客一个参照物，让顾客对照后感觉自己占了便宜。

◎ 爆品售前测试

任何爆品都需要经过一个测试的过程，来对产品的细节进行调整。主要有两种方式：试吃和试营业。

1. 试吃。试吃适用于餐饮行业的菜品、甜点、奶茶等，由餐饮店老板、服务员、后厨工作人员对菜品的卖相、口味进行感受并作出评价，结合大多数人的意见对产品进行微调。

2. 试营业。在爆品正式投入市场前先试营业，让店内的新老顾客免费试吃爆品，需要留意顾客的评价，然后根据大多数顾客的用餐感受对产品进行评估和改进，实现聚焦需求。

一些实体店铺转化率和留存率不高的根本原因是，没有设计出一款爆品。爆品可以拉动流量，流量带来销量，销量带来盈利，使店铺能够稳定地发展下去。

产品快速迭代，才能给顾客持续制造惊喜

在实体店经营中，单一的产品定位很容易让顾客产生审美疲劳，只有不断进行迭代更新，才能保持一种新鲜感，让顾客每一次进店时都能收获不同的惊喜，提高店铺的市场竞争力。

在实体店经营过程中，产品的迭代和更新是一个值得重视的问题。

实体店通过出新、迭代不断丰富产品品类的意义，就在于满足消费者追求的新鲜感。消费者是"善变"的，他们不反感旧有事物，但会对新事物充满热情。如果你的餐饮店永远是菜单上的那几道菜，服装店永远是差不多的款式，就很容易被消费者忽略。想要在市场竞争中长期占据主导，更新迭代必不可少，这也是为什么肯德基、苹果手机频繁推出新品的原因，它们竭尽全力想要避免被年轻群体遗忘。只有通过新品制造更多、更热的话题，给予消费者满满的期待感，才能让品牌活跃在消费者的生活中。

那么，实体店该如何对产品进行快速迭代呢？

◎ 产品迭代方向

产品迭代一般有三个方向。

第一个方向，模仿同类竞品。研究同行业的佼佼者，其产品的成功之

道，并结合自身产品特征推出新品，或者丰富自己的产品功能。比如，肯德基推出的早餐粥、安心油条、豆浆、炸酱面等，就是模仿中国早餐店产品进行的一次本土化策略。

第二个方向，顾客反馈分析。根据顾客的反馈挖掘深层次需求，调整产品功能，以适应顾客的需求变化。收集反馈的渠道包括社群、微信一对一沟通、顾客访谈等，在沟通中了解顾客的真实需求，经过整合敲定产品的迭代方向。比如，小米手机的迭代。

第三个方向，市场经验。主要针对一些对市场、用户了解很深的专业人士，他们拥有敏锐的嗅觉，每当新事物、新热点出现后，他们都能与自身产品相结合，使产品拥有很高的话题度。

◎ 产品迭代过程

先进行产品最小化测试。首先需拟定1~2款新品，该新品覆盖人群、覆盖时段、保存时间越多越好，通过线上线下的渠道验证新品的生命力，根据用户的反馈对原有产品进行快速迭代或者下架处理，需要注意的是千万不要被新品的热度迷惑，而放弃原有的主营产品，以免热度褪去得不偿失。

比如，一家主营新疆菜品的餐饮店将新疆馕作为新品推出，有原味馕、羊肉囊等多款产品，利用外卖平台使这些新品能够推广到更远的顾客群体中。在新品得到验证之后，销量激增，但该店本没有深挖新品，而是利用新品的热度去推广店内的其他产品，当热度褪去，该店铺就下架了特色新疆馕，转而又推出了一款带有新疆特色的饮品，不断出新。

一款产品的迭代不仅要顺应时代的潮流，还要不断洞察消费者的需求，只有满足消费者和市场的需求，产品的迭代才能收获最佳的引流效果。

过程看得见，让顾客放心下单

随着生活质量的提高，人们对饮食的要求不仅停留在果腹，在享受美味的同时，还更加关注食品安全、卫生问题。近年来，网络上频发的食品安全问题，致使消费者对餐饮店铺的信任感不断下降。对实体店而言，想要消除消费者的担忧，明档是一个很好的解决方法。

明档是指一种开放式、可直接面对顾客的展区，厨师可在该区域进行扒、烤、煎、炸等烹饪工作，让顾客见证美食诞生的过程。这种从选材到烹饪完全透明化的方式，能够让顾客更加放心。

盒马生鲜之所以走红，得益于游购娱吃一体化的经营理念，而明档的设计也极大地提升了顾客的消费体验。货架上摆放整齐的瓜果蔬菜，水箱中窜动的龙虾螃蟹，无疑会给顾客带来视觉上的吸引力，同时，顾客在盒马生鲜可以直接将选购好的生鲜交给厨师当场烹饪，享受极致的味蕾体验。

明档的确是一个实体店建立信任感的有效手段，但实体餐饮店究竟能不能使用明档还得根据店铺的实际情况因地制宜。影响明档最关键的因素就是店铺前厅的面积，如果你想要将全部的食材和厨师的烹饪空间可视化，你的前厅面积必须足够大，类似于火锅、烧烤自助餐饮、美食广场等。如果面积较小，可仅展示部分时令食材，如夏天的海鲜或特色美食等。此外，明档要求食材要保持足够新鲜，这就要求实体店拥有比较好的硬件资源，比如，冷柜、制冰机等保鲜设备，空调等降温设备等，展柜越多，需要的设备也就越多，实体店在采用明档时需将自身资源考虑在内。

当餐饮店具备采用明档设计的条件后，又该注意哪些问题呢？

◎ 食材展区

明档要懂得凸显食材的美，让顾客见到后更有食欲，需要遵从"齐、亮、鲜、选"四个原则。

"齐"，是指食材或菜品的陈列需要整齐有序，保证在规定区域内不同食材的间隔标准、上下一致，无论是近看，还是远看都是一个整体。避免随意堆砌的情况出现。

"亮"，是指灯光的效果，不同的食材采用不同的灯光效果，展现食材或菜品的色彩和亮度。

"鲜"，是指食材更换的频率。一般食材每天至少更换一次，以保持蔬菜、肉类、海鲜最新鲜的颜色，同时也能避免展柜出现异味。

"选"，是指挑选展区食材的过程。能够放置在展区的食材卖相一定要是最好的，蔬菜色泽鲜亮，没有虫蛀；肉类颜色正常；海鲜饱满，避免脱水、变质。

◎ 烹饪展区

保证视觉上的干净，一方面是烹饪油烟的问题，如果实体店的硬件资源无法很好地处理烹饪过程出现的油烟，就可以采用明厨加暗厨的搭配方式，那些容易产生油烟的食材或烹饪方式放在暗厨进行，那些不留油烟、污渍的食材或烹饪方式就可以放在明厨中展示给顾客，如面食、寿司等菜品；另一方面是厨师的形象问题，在明档中工作的厨师需要保证自己的着装和个人卫生，特别是双手，一定要给顾客干净的感觉。如果厨师过于邋遢，会极大地降低明档的吸引力。

明档，是通过刺激顾客的感官来拉近双方之间的距离，让顾客真真切切地感到舒适和放心，即使不用餐，也能对餐厅留下良好的印象。

打造高性价比的口碑

在经营策略上，有一些实体店压低商品价格，以量取胜，还有一些实体店拔高商品品质，以质取胜。但实际上，大多数消费者更喜欢在"物美"里挑"价廉"，在"价廉"里挑"物美"，通过不断对比找到更实惠的需求品。因此，高性价比才是消费者永恒的追求。

性比价，是以商品的性能和价格做参考，来反映商品可买程度的一种量化的计量方式。客观上理解就是一款商品的品质越好，价格越低，那它的性价比就越高，但实际上性价比是主观相对的，一定要与同类竞品进行对比，才能体现出性比价。比如，两家品质相同的手机店，一家手机价格较低，另一家手机价格较高，价低店铺中手机的性价比就要高出另一家。

需要注意的是，对实体店而言，这种对比不完全局限于产品上，即单纯的质量和价格，还有店铺的服务和环境，三种要素才是影响性价比的关键。那所谓高性价比，就是一家店铺与两个或两个以上的竞争对手进行对比，在两种要素属性相同或相近时，剩余一种要素优于所有竞争对手。如服务和环境相同，产品好的性价比高；产品和服务相同，环境好的性价比高等。

高性价比是实体店经营中的一项关键策略，有时候能够在遭受外界冲击时帮助实体店完成自救。就像现实生活中，一些小店经营了很长时间，它的附近突然入驻了一家知名品牌的连锁店，两个店铺主营产品相同或相近，对方在产品上有很高的用心度和专业度，在营销上有系统的品牌策略，那些小店缺乏爆品，不会营销，根本无法与之抗衡，只能被迫关门。

此时，小店只有两条路可走，要么走差异化路线，经营与对方不一样的产品，但这无异于从头再来，要么提升性价比，尝试绝地翻盘。对于小店而言，环境和服务明显不如产品更具吸引力，小店需要做的就是在保证产品质量的前提下把价格打下来。比如，奶茶店就可以利用更低价格的原料做出口感与竞争对手十分相近的奶茶，而且口感更加丰富、价格更加低廉，可以采用类似"买一送一"的隐藏降价方式。当然，这种方式只限于一些店铺规模较小，产品比较低端、单一的实体店。

加盟店入侵的现状为各大实体店商家敲响了警钟，不要因为附近没有足够实力的竞争对手就故步自封，忽视对性价比的打造。实体店商家只有优先打造高性价比的产品，使其占领消费者的心智，建立消费者对产品的信任和依赖，才能保证自己在遭受同类竞品冲击时显得不那么被动，尤其是一些针对小城市和低端消费群体的实体店。

那么，实体店该如何去打造高性价比呢？

◎ 从产品入手

产品的主要属性就是质量和价格，但粗制滥造不利于实体店的生存和发展，在任何情况下都要保证产品的质量。那从产品入手所针对的就是价格，但打造高性价比并不是单纯的打价格战，而是要平衡产品的质量和价格，满足消费者不同层面的需求，从而获得消费者的认同。

比如，最经典的产品性价比例子，小米手机。小米手机初期就是凭借高性价比的策略才得以崛起，它是"同等性能中价格最低的，同等价钱中性能最好的"。而从产品入手就是这个道理。

◎ 从服务入手

"服务"所针对的一般是店内的服务能够成为实体店主要加分项的行业，比如餐饮、美容美发、按摩洗浴等。就像零售店，无论商家多么热情，能够让消费者记住的依然是产品。从服务入手，就是在同等产品、同等环境的前提下，服务水平和质量要远高于竞争对手，最知名的就是海底捞，贴心的等待服务，随叫随到的服务人员等，在相同菜品、相近价格、相同环境的基础上，没有火锅店的服务能比它优秀，这就是高性价比。

◎ 从环境入手

环境是一个锦上添花的因素，它无法像产品和服务一样直接刺激到消费者，也就是效果不显著，同时也是成本最高的一种打造方向。环境主要针对的是消费者的消费体验，通过提升消费体验来体现高性价比。比如，一些主题餐厅会围绕既定的主题来营造餐厅的气氛，餐厅内所有的产品、服装、色彩都需要为主题服务，使其成为促进消费者产品消费行为的刺激物。

打造高性价比的意义在于，高性价比覆盖的顾客群体更加广泛，能起到扩大市场规模的作用，同时，也能够建立去成本优势和竞争堡垒，极大地提升实体店的生命力。

用工匠精神打造高品质的产品

好产品会说话，会为实体店做宣传，毕竟经营的本质是经营产品，再豪华的装修、周到的服务，最后都打不过对产品本身的体验。用"匠心"来打造店内的产品，可赋予产品会说话的属性，触发用户免费为实体店做宣传。什么是工匠精神？它是一种关于精雕细琢的意识，产品的每一个环节，每一道工序，都要保证专注、精确，去追求产品的极致。实体店的经营也应遵循此道，尤其是涉及餐饮行业的实体店，不停地追求高品质的产品，能赋予店铺更加旺盛的生命力。

日本纪录片《寿司之神》讲述了传奇匠人小野二郎的故事，一间位于银座大厦底层的寿司店，装潢异常朴素，甚至有些寒碜，仅仅可容纳十人就餐。但就是这样一家寿司店却能让世界各地的饕客慕名而来，提前一个月预定。让食客期待的不仅是那位90岁高龄、享誉世界的小野二郎，还有那些被誉为"值得一生等待"的寿司。

严谨、自律、精准、极致，是这位老人对待工作的态度。比如，为了使章鱼肉的口感绵软，他每次都会为章鱼肉按摩40分钟；一锅新熟的米饭，有专人用蒲扇为其降温，只为保持它最佳的弹性；为了最大限度地保持寿司的口感，他时常将双手浸于水中，使双手温度始终低于寿司等。这些事情每天都在重复，日复一日，从未懈怠，正是这种精益求精的态度将小野二郎手中的寿司推向了令人仰望的高度。

这种对产品品质的坚守看似简单，实为不易，尤其是在市场竞争越发激烈的环境下，越来越多的实体店商家开始追求短期经济效益，以"短、平、快"的粗制滥造快速回笼资金，但是，这种以放弃品质为代价的方式会不断消磨店铺多年来积攒的口碑，最终将实体店拉入深渊。

"食神"蔡澜先生认为，一道美食无论用料的贵贱、工艺的繁简，都饱含着一名厨者对美食精益求精的匠心，因为必然有其独特的风味。保证产品的品质，是一家实体店得以生存或者生存得更好的关键。而如今的实体店商家过于浮躁，为了提升销量，可谓绞尽脑汁，一味地营销宣传，花费了大量的成本。在营销之下，实体店的业绩虽有提升，可终究会因忽视产品的质量问题，毁于一旦。

那么，实体店该如何去培养这种工匠精神呢？

◎ 遵守产品制作标准

每一款产品都拥有其专属的配方工艺和操作流程，尤其是当一款产品足够成熟且被市场接纳后，这种配方工艺和操作流程就属于该产品的制作标准。在实体店经营的过程中，店员自上而下都要对"新鲜出炉"的产品保持一种态度，那就是严格遵守产品的制作标准，拒绝敷衍，拒绝凑合，如此才能使每一个产品都拥有高品质。

比如，中华老字号柏兆记。老字号意味着它拥有着过硬的品质和信誉以及深厚的文化底蕴。在糕点生产车间，它依然采用石磨研磨芝麻的古法技艺，以保证墨子酥香味纯正。这就是对品质的坚持，对产品制作工艺的坚守。

◎ 对产品精益求精

对实体店而言，每一款产品都要踏上追求极限的道路，就像小野二郎一样，从温度、选材到用量、手势，都达到了一种极致，才能创造出让人心心念念的寿司。尝试必不可少，其目的就在于从风味、口感等诸多方面再次提升产品，使产品变得更加优秀。

比如，西少爷肉夹馍。一款爆款产品，很多人将它的成功归结为营销，但实际上它对食物的理解颇为深刻，同时也在不断追求产品的极限。它的所有肉夹馍中都有辣椒，这种配方工艺就得益于辛辣、刺激的食物能帮助人们释放压力，这也是为什么这份快餐颇受年轻白领的喜爱。此外，它还通过顾客的反馈调整了肉夹馍内的分层厚度，将每层1.2毫米调整为1.1毫米，使肉夹馍的口味提升了20%。

工匠精神是一种贯彻始终的生产理念，而不是一朝一夕的慷慨激情，只有保持初心，严守底线，才能实现产品的升华。

创新发展模式，进而实现突破

市场环境的不断变化促使传统实体店行业逐渐走向没落，而疫情的爆发则加速了这一进程。如何更好地应对来自外界因素的冲击，是当前实体店商家需要重视的一个问题。解决这一问题的关键就在于转型，只有快速转型才能帮助实体店在时代大环境下实现突破。

目前，零售业的发展已经历经了三个时代。在传统零售时代，实体店以杂货店、杂货市场为主，它们受制于当时的基础设施和科技水平，只能为顾客提供一些高需求的商品，且供应小于需求。商品没有品牌的概念，洗发水、面包等商品名称就代表了一个种类，仅仅满足了顾客对于廉价的需求。

在现代零售时代，随着基础设施和科技水平的提高，信息化水平、供应链水平、城市化水平有所提高，商品丰富程度明显提升，以沃尔玛为首的大型商场开始崛起，顾客的需求也越来越全面，一些商品也开始注重功能的定义和情感的连接。最重要的是，公共交通的便利使实体店的覆盖范围变得更加广阔。

在电商时代，整个市场已经呈现出供大于求的状态，加上基础设施，信息化、供应链水平达到了巅峰，商品的丰富程度已经超出了人们的想象。该环境催生出了一大批携带大流量的爆款产品、网红产品，不仅限于满足顾客的需求，还能为顾客创造需求。极致的物流使交易过程更加简洁，人们足不出户就能购买商品，电商的这一属性极大地压缩了传统实体店的生存空间。

由此可见，消费者的需求是不断变化的，而零售业的发展就是在顺应这种变化。比如，20世纪70年代，物流不发达，商品想要下沉，必须利用实体店作为终端去连接消费者，而如今随着工业的发展，商品已经呈现出过剩的态势，实体店也遭遇了激烈的同质化竞争，在这种情况下需要把控消费者的需求，根据市场发展趋势来调整店铺的发展方向，才能拯救风雨飘摇的实体行业。

很多实体店商家将当下的困境归结为电商、疫情的冲击，但关键问题还在于店铺的经营模式，它并不是简单地接受时代的变革就能调整的，还需要打破认知的局限。比如，近年来，直播带货十分火爆，一些实体店为了一改颓势，开始效仿网络主播进行带货，却纷纷以失败收尾。问题的关键就在于直播带货的核心是线上流量和供应链，而这些恰恰是一众实体店的短板。

因此，转型才是实体店生存发展的必经之路。关于转型，实体店商家可以参考以下两个方向。

◎ 放大实体店的优势

实体店的优势在于顾客体验，拥有实体的消费场景，实物的接触，面对面的人工服务，这种有感情、有温度的消费体验才是实体店的最大价值。实体店想要转型，可以放大线下的体验价值，满足新一代消费人群的精神需求、体验需求。

比如，长沙的文和友构建了20世纪八九十年代的生活场景，顾客一进入商场就是满满的怀旧感，仿佛置身于八九十年代。儿时的水泥街道、铁栏杆、浴池澡堂等都在刺激着顾客的眼睛。除了怀旧风的场景外，文和友挖掘了更多的当地民间小吃。很多到文和友打卡的人，对它最深的印象无疑是那种独一无二的氛围感。除了文和友之外，老基地重庆火锅、SKP-S、这里有座山等，都是采用了这种方式。

◎ 线上线下融合

一些大型或实力雄厚的实体店可以尝试打造一种全新的沉浸式的消费体验，但对于一些中小型实体店来说，达到线上、线下完美结合，实现"双线"营销才能打破市场的限制。既要把握实体店的体验价值，还要重视互联网提供的便利性，满足消费者多场景的消费需求。比如，百果园等实体店都是在实体店的基础上，打造出了一条线上的营销体系，使店铺焕发了第二春。

关于转型，就是从流量获取、经营模式、拓客锁客、营销服务等方面对传统的线下门店进行改造，使店铺焕然一新。基本上以搭建社群、构建私域流量池、上线自营式小程序商场为主，核心就是锁住老顾客、发展新顾客，让流量不断涌入。

当然，无论哪种转型方式都需要一个过程，实体店商家需要懂得利用各种资源，让实体店拥有生存和发展的实力，使商业和消费逐渐共生。